Paul Maar, 1937 in Schweinfurt geboren. Autor von Kinder- und Jugendbüchern, Funkerzählungen, Kindertheaterstücken und Illustrator. Wurde mit zahlreichen Preisen ausgezeichnet, u. a. mit dem Deutschen Jugendliteraturpreis, dem Großen Preis der Deutschen Akademie für Kinder- und Jugendliteratur, dem Österreichischen Staatspreis und dem Brüder-Grimm-Preis, dem bedeutendsten Preis auf dem Gebiet des Kinder- und Jugendtheaters. Seit 1973 sein Stück »Kikerikiste« uraufgeführt wurde, gibt es keine größere Bühne mehr, die nicht mindestens eines der Stücke von Paul Maar schon einmal gespielt hätte. Ja, mittlerweile lacht und zittert bereits die zweite Generation mit den Maarschen Bühnen»helden«.

Paul Maar
Neue Kindertheaterstücke

Verlag Friedrich Oetinger · Hamburg

Weitere Kindertheaterstücke von Paul Maar in dem Band

Kindertheaterstücke

Einband und Illustrationen von Paul Maar
Gesamtherstellung: Ebner Ulm
Printed in Germany 1993

ISBN 3-7891-4205-0

Inhalt

WASSER DES LEBENS
ODER
DIE GESCHICHTE VON NANNA UND ELISABETH

Paul Maar

Das Wasser des Lebens oder Die Geschichte von Nanna und Elisabeth

Ein Stück für Kinder ab acht

Personen

1. Schauspielerin: Nanna
Erzählerin
Schlange (= Puppe)
2. Schauspielerin: Elisabeth
Erzählerin
Waldtier 2 (= Puppe)
Waldtier 3 (= Puppe)
Anna, Elisabeths Tochter
Schauspieler: Brauskopf
Erzähler
Waldtier 1 (= Puppe)
Waldtier 4 (= Puppe)
Wächter der Quelle

Die große Puppe der Riesin Kulschedra, die einmal kurz zu sehen ist, müßte von einem Techniker, jedenfalls von einer vierten Person geführt werden. Alle anderen Rollen und Puppen werden von den drei Schauspielern/innen gespielt.

Bühnenbild

Das Stück spielt in einem Irgendwo-Land, zu einer Irgendwann-Zeit; die Kostüme sollten also zeitlos sein.
Die Exposition braucht kein Bühnenbild, die ersten beiden Szenen können auf der Vorbühne oder auf der leeren, farbig ausgehängten Bühne spielen. Erst mit dem Aufbruch der drei Personen, ihrer Wanderung, werden die Schauplätze konkreter, verändern sich.
Insgesamt sind dann vier Örtlichkeiten zu unterscheiden:
Waldrand / Vor Kulschedras Haus / Im Dunkelwald / Ort der Quelle.
Das Bühnenbild sollte nicht naturalistisch wirken. Requisiten und

die Teile der Ausstattung, die bespielt werden, könnten dafür um so sorgfältiger ausgeführt sein. So wäre es zum Beispiel denkbar, daß aus der Quelle wirklich Wasser fließt.

Puppen

Die Waldtiere und die Schlange könnten sowohl als Handpuppen wie auch als Stabpuppen geführt werden. Wichtig ist, daß die Schauspieler die Arbeit mit den Puppen mindestens genauso ernst nehmen wie ihre sonstigen Rollen, sich – wenn immer möglich – Hilfe, Tips und Anregungen bei professionellen Puppenspielern holen.

Den Raben führt und spricht der Darsteller des Brauskopf. Er stellt ihn im Augenblick seines ersten Auftretens her und benutzt dazu einen Gegenstand aus dem Gepäck der beiden Mädchen. Etwa einen spitzen, schwarzen Schuh, dessen Sohle absteht und beweglich ist wie ein Schnabel. Oder einen schwarzen Handschuh, der über den Knöcheln an zwei Stellen durchgewetzt ist. (Die beiden Löcher wirken wie die Augen des Raben, wenn der Handschuh übergestreift und die helle Haut dahinter zu sehen ist.)

Wie man die Riesin Kulschedra darstellt, wird sich nach den jeweiligen Bühnengegebenheiten richten. Bei ihrem kurzen, stummen Auftritt genügt es, wenn sich ihr Riesenkopf über die Kulissen streckt und von da oben die drei Schauspieler ansieht, um gleich darauf wieder zu verschwinden. Vielleicht könnte sie auch ihre Riesinnenhände zusätzlich oben auf den Kulissenrand legen. Kopf und Hände sollten auf jeden Fall dreidimensional sein, nicht nur gemalt.

Der Wächter an der Quelle sieht wie die personifizierte Zeit auf alten Darstellungen aus: Er blickt gleichzeitig nach vorn (in die Zukunft) und nach hinten (in die Vergangenheit). Wird der Wächter vom Schauspieler gespielt, sollte der die gleiche Maske über Gesicht und Hinterkopf tragen. Sie wirkt streng, aber nicht furchteinflößend. Da er scheinbar mal aus dem einen, mal aus dem anderen Mund spricht, darf der Zuschauer nicht erkennen, welche Maske das Gesicht, welche den Hinterkopf bedeckt. Der Schauspieler trägt deshalb einen bodenlangen Umhang, der die Füße verbirgt, und bewegt sich so, als würde er dem Zuschauer jeweils die Vorderseite zuwenden.

Es wäre allerdings auch denkbar, den Wärter von einer übergroßen, imponierenden Stabpuppe (nach der Art des Bread-and-Puppet-Theatre) darstellen zu lassen, die von Schauspieler und Schauspielerin 2 geführt werden könnte. Das wäre insofern konsequenter, als dann ein durchgehendes Prinzip gälte: Nur die Menschen werden von Schauspielern verkörpert, alle Tiere und Fabelwesen durch Puppen.

Zur Neufassung

Für die hier vorliegende Druckfassung habe ich »Das Wasser des Lebens« überarbeitet und den zweiten Teil erheblich gestrafft. Jeweils zwei Szenen wurden dabei zu einer zusammengefaßt, allerdings auch eine kleine zusätzliche Szene eingefügt.
Entstanden ist das Stück als Auftragsarbeit des Stadttheaters Würzburg. Ich hatte dabei die Auflage, eine Spielvorlage für zwei Schauspielerinnen und einen Schauspieler zu verfassen. Dies habe ich erfüllt, jedoch das Figurenrepertoire dadurch erweitert, daß ich die Puppen ins Spiel brachte, die jeweils von den Schauspielern/innen geführt werden können, die gerade nicht auf der Szene sind.
Als Autor würde ich mir allerdings auch mal eine Inszenierung wünschen, bei der Schauspieler mit Puppenspielern zusammenarbeiten. Die Schauspieler beschränkten sich dabei auf ihre Rollen als Nanna, Elisabeth, Brauskopf; alle Puppen aber (die haarige Riesin Kulschedra, die lispelnde Schlange, die drei kleinen Waldtiere und ihre skurrile Waldtiergroßmutter, der strenge Wächter der Quelle) würden von professionellen Puppenspielern gebaut, geführt und gesprochen!

Bamberg, Januar 1990
Paul Maar

1. Szene

Auf der Bühne sind zwei unregelmäßig geformte Hügel zu sehen, die aus zwei großen, deckenähnlichen Tüchern gebildet werden. Eine der Decken hat ein regelmäßiges Muster, die andere ist aus verschiedenfarbigen Flicken von unterschiedlicher Größe zusammengenäht. Unter den Hügeln liegen bei Beginn der Vorstellung schlafend, noch versteckt, Elisabeth und Nanna.
Eine Morgenmusik. Das Stück beginnt: Elisabeth und Nanna wachen auf. Nanna wühlt sich umständlich, mit dem Hinterteil zuerst aus ihrem Schlafnest, knüllt die Decke zusammen, gähnt herzhaft, reckt sich, fährt durch ihre wirr vom Kopf stehenden Haare, sucht etwas unter ihrer Decke, wühlt sich hinein, kriecht halb darunter, findet etwas Falsches, wirft es ärgerlich durch die Gegend, findet einen roten Strumpf, zieht ihn an, sucht nun den zweiten, findet dabei zufällig etwas Eßbares, beißt hinein, verliert es während der Strumpfsuche wieder, sucht so vehement danach, daß ihre Sachen nur so durch die Gegend fliegen.
Elisabeth auf der anderen Bühnenseite steht viel »geordneter« auf, setzt sich, bürstet erst mal ihre Haare, erhebt sich ganz, zieht ihre (sorgfältig gerollten) Socken an, legt dann ihre Schlafdecke zusammen, ordnet ihre Sachen ein bißchen, ohne aber dabei zu pedantisch zu sein. Sie holt sogar einen Klapphocker hervor, klappt ihn auf. Wenn einige von Nanna durch die Luft geschleuderte Kleidungsstücke mal bei Elisabeth landen, legt sie alles wieder – ohne Vorwurf, ganz selbstverständlich – zu Nanna hinüber (nicht, ohne die Sachen vorher glattzustreichen oder zu falten).
Nanna ist immer noch mit Suchen beschäftigt. Elisabeth steigt aus ihrer Rolle aus, erzählt dem Publikum:

ERZÄHLERIN
Da waren mal zwei Mädchen, eng befreundet.
Die waren sehr verschieden. So verschieden,
daß alle, die die beiden Mädchen kannten,
verwundert waren über diese Freundschaft.

Die eine hatte Haare wie aus Kupfer …

NANNA Kupfer? Sag es ruhig: Rothaarig war sie! Rot wie Tomatensoße!

ERZÄHLERIN … Die andre hatte Haare schwarz wie Kohle.

NANNA Kohle? Nein: schwarz wie Rabenfedern. Schwarz wie … wie …

ELISABETH *fällt aus ihrer Rolle* Wie deine Füße?

NANNA Pah! *Sie beguckt sich ihren linken, noch unbestrumpften Fuß, zieht ärgerlich einen Strumpf an. Allerdings einen grünen.*

ERZÄHLERIN Die eine war behutsam und bedächtig …

NANNA Du kannst ruhig sagen: ein bißchen ängstlich!

ERZÄHLERIN Die andere war heftig, ungestüm.

NANNA Ja, mutig war sie. Sehr mutig! *Sie schwingt einen Stock durch die Luft, freut sich an dem pfeifenden Geräusch, das dabei entsteht, kämpft gegen unsichtbare Feinde.*

ERZÄHLERIN

Das, was der einen fehlte, hatt' die andre.
Und was das andre Mädchen nicht besaß,
das hat die eine wiederum gehabt.
So kam es, daß sie unzertrennlich wurden.
Elisabeth, so hieß das eine Mädchen.
Die andre hörte auf den Namen Nanna …

NANNA He, Elisabeth, sei mal leise!

ELISABETH Was ist?

NANNA Du sollst still sein!

ELISABETH *flüstert* Warum denn?

NANNA Pst! Ich hör was.

ELISABETH *flüstert* Ich bin ja schon still.

NANNA Noch stiller!

ELISABETH Stiller als still kann ich nicht sein!

NANNA Dann streng dich eben ein bißchen an!

ELISABETH Pst!

NANNA Wie bitte?

ELISABETH Sei mal still, Nanna!

NANNA Wer, ich? Warum auf einmal ich?

ELISABETH Ich glaub, ich hör auch was!

NANNA Hörst du es endlich auch? Siehst du, ich hör eben besser als du. Ich hab Ohren wie ein Specht!

ELISABETH Ein Specht hat gar keine Ohren.

NANNA So? Da kannst du mal sehn: Hat keine Ohren und hört trotzdem besser als du!

ELISABETH Wenn du so weiterquasselst, hören wir beide nichts. Mit oder ohne Ohren.

Beide lauschen angestrengt.

ELISABETH Da kommt jemand! – Wir müssen uns verstecken, Nanna! Schnell! Hilf doch mit! *Sie beginnt, ihre Sachen vom Boden aufzuraffen.*

NANNA Verstecken! Du Angsthäsin! Hasenfuß! Verstecken! *Sie zieht Elisabeth mit sich* Komm, wir jagen ihm einen Schreck ein!

ELISABETH Einen Schreck? Warum denn?

NANNA Warum denn, warum denn! Zum Spaß natürlich. Du stellst Fragen!

Sie breitet ihre Decke über sich und Elisabeth.

ELISABETH *sträubt sich* Was soll ich denn hier unten?

NANNA Pssst! Komm endlich! *Sie flüstert Unverständliches mit Elisabeth.*

Elisabeth und Nanna sind nun völlig unter Nannas großer Decke verborgen, kauern sich zusammen, still und unbeweglich.
Brauskopf kommt leise singend daher, trägt seine Sachen, eingewickelt in eine Decke, an einem Stock über der Schulter. Er sieht den seltsamen Deckenhaufen, stutzt. Er nähert sich langsam und vorsichtig.
Drohendes Knurren von Nanna und Elisabeth unter der Decke. Der Junge springt erschrocken zurück.

Nanna streckt ihren Kopf durch ein Loch in der Flickendecke, richtet sich schnell auf und stellt sich dabei auf den Hocker. Die Decke reicht bis zum Boden, verdeckt sowohl den Hocker als auch Elisabeth. Nanna wirkt riesig groß. Nanna öffnet den Mund, sagt stumm: »Wer kommt da? Keinen Schritt näher!« Elisabeth synchronisiert sie, indem sie unter der Decke dumpf in einen Topf spricht.

ELISABETH Wer kommt da? Keinen Schritt näher!

Der Junge schwingt seinen Stock wie einen Säbel, geht mutig, wenn auch sehr langsam, auf die Figur zu.

BRAUSKOPF Ich weiß genau, wer du bist! Du bist Kulschedra, das Riesenweib, das den Eingang zum Dunkelwald bewacht. Komm her und wehr dich! Ich hab keine Angst vor dir! Los!

Nanna und Elisabeth sind durch die Reaktion des Jungen völlig konsterniert. Sie vergessen, daß sie ihn erschrecken wollten, lassen die Decke fallen, Nanna steigt vom Hocker. Beide verblüfft:

NANNA Was faselst du da? Kulschedra, das Riesenweib! Was soll denn das sein?
ELISABETH Wieso Dunkelwald? Wo soll denn hier ein Wald sein?
BRAUSKOPF *sichtlich erleichtert* Zwei Mädchen! Wo kommt ihr denn her?
ELISABETH Wir kommen nicht her.
BRAUSKOPF Wie bitte?
ELISABETH Wenn einer herkommt, dann bist du es. Wir waren schon da.
BRAUSKOPF *zu Nanna* Ist die immer so spitzfindig?
NANNA *lacht* Sie kann eben logisch denken!
BRAUSKOPF So?
NANNA Ja! Außerdem kann sie ganz toll vor Gefahren warnen.
BRAUSKOPF Machst du dich lustig über mich?

NANNA Das wollten wir. Aber du hast dich überhaupt nicht gefürchtet.

ELISABETH Gib's zu: Du hast gleich gemerkt, daß unter der Decke nur zwei Mädchen stecken!

BRAUSKOPF Nein. Ihr habt mir einen Riesenschrecken eingejagt.

ELISABETH Keinen Riesinnenschrecken?

NANNA Ja, erzähl: Was ist mit diesem Riesenweib?

BRAUSKOPF Was für ein Riesenweib?

ELISABETH Stell dich nicht plötzlich dumm. Du hast doch sogar ihren Namen gesagt. Wie heißt er? Kuscheldra?

BRAUSKOPF Kulschedra!

NANNA Und wer ist die?

BRAUSKOPF Das erzähl ich nicht jedem.

NANNA Das erzählt er nicht jedem, aha! Wir sind dir wohl zu gewöhnlich, was? – Paß nur auf, wir sind nämlich zu zweit, und du bist allein. Wir lassen uns nicht einfach beleidigen!

ELISABETH Hat er uns denn beleidigt?

NANNA Und einen Stock hab ich auch! Mindestens so groß wie deiner. Zeig doch mal, wie gut du fechten kannst!

Sie fechten mit ihren Stöcken.

ELISABETH Hört auf! Ihr schlagt euch noch die Finger entzwei!

NANNA *fechtend, zu Brauskopf* Hörst du, wie gut sie vor Gefahren warnen kann? – Au! *Sie hält sich die Hand.*

BRAUSKOPF Hab ich dich getroffen? Das tut mir leid.

NANNA Tut dir leid! Ich brauch kein Mitleid von einem, der mir nicht mal was erzählen will.

BRAUSKOPF Ich kenn euch doch gar nicht. Ich weiß nicht, wer ihr seid, ich weiß nicht einmal, wie ihr heißt.

ELISABETH Wo ist denn da der Unterschied? Wir sind Elisabeth und Nanna und heißen auch so.

BRAUSKOPF Wer ist Elisabeth? Wer Nanna?

ELISABETH Rate mal!

NANNA Ja, rate.

BRAUSKOPF Hm. *Er schaut von einer zur andern. Deutet auf Elisabeth* Du bist Nanna!

ELISABETH Ich? Seh ich aus, als ob ich Nanna heißen könnte? *Sie verstrubbelt ihre Haare, parodiert Nanna. Nanna geht in gespielter Wut auf sie los, Elisabeth wehrt sich lachend.*

BRAUSKOPF Also Elisabeth!

ELISABETH *noch mit Nanna raufend* Gratuliere! Schon beim zweiten Versuch hast du's erraten. – Und wie heißt du?

NANNA *läßt Elisabeth los, interessiert* Ja, wie heißt du?

BRAUSKOPF Ratet doch mal!

ELISABETH Das ist schwierig. Vielleicht Wilhelm ...

NANNA Oder Jakob ...

ELISABETH Karl ...

NANNA Ludwig!

BRAUSKOPF Alles falsch. Ich heiße Brauskopf.

NANNA Nein. Doch mit Vornamen!

BRAUSKOPF Das ist mein Vorname: Brauskopf. Paßt er euch nicht?

ELISABETH Du meinst Krauskopf?

BRAUSKOPF Nein, so wie ich gesagt habe.

NANNA Ein komischer Name.

BRAUSKOPF Ich hab mich dran gewöhnt.

ELISABETH Den kann man ja gar nicht einmal abkürzen.

BRAUSKOPF Ich hab ihn mir nicht ausgesucht. Soll ich gehen, weil mein komischer Name eure schönen Ohren beleidigt? Bitte schön!

NANNA He, so war's doch nicht gemeint!

ELISABETH Bleib da, Brauskopf!

BRAUSKOPF Nur, wenn ihr mich nicht wieder ausfragt. Vielleicht erzähl ich euch ja alles, von Kulschedra und so was. Aber nicht gleich. Erst muß ich euch kennenlernen. – Habt ihr vielleicht was zu essen da?

NANNA Der ist gut: Kommt und lädt sich gleich zum Essen ein!

ELISABETH Ich denke, du kriegst gern Besuch?

NANNA Besuch? Du hast recht! *Sie behandelt Brauskopf wie ei-*

nen Sonntagnachmittagsbesuch. Hallooo, Brauskopf! Nur herein in die gute Stube! Aber ein Besuch bringt doch gewöhnlich was mit. Wo bleiben die Geschenke?

BRAUSKOPF Geschenke? Wie wär's mit einer Geschichte?

NANNA Eine Geschichte? Kein schlechtes Geschenk!

ELISABETH Wenn es eine gute Geschichte ist.

BRAUSKOPF Es ist eine wahre Geschichte. Aber jetzt erzähl ich sie noch nicht. Später vielleicht. Erst später.

Er beißt in ein Stück Kuchen, kaut mit vollen Backen. Das Licht wird zurückgenommen. Nachtstimmung. Erste Nachtgeräusche.

2. Szene – Brauskopfs Geschichte

ERZÄHLERIN *Elisabeth*
Noch lange hat's gedauert, viele Stunden,
bis Brauskopf endlich anfing zu erzählen.

ERZÄHLERIN *Nanna*
Der Tag war schnell vergangen, wie im Fluge.
Erst spät am Abend, als es dunkel wurde
und Eulen klagend aus den Büschen riefen …

ERZÄHLERIN *Elisabeth*
… Da rückten alle drei ganz eng zusammen.
Und nun erzählte Brauskopf die Geschichte.

Dunkle Nacht. Lichtkegel auf Brauskopf. Ferne Nachtgeräusche, leise Nachtvögel, verstummend. Brauskopfs Geschichte geht schnell über in eine Rückblende: Er spielt das Geschehen. Der Rabe wird durch einen scheinbar zufällig vor ihm liegenden Gegenstand – zum Beispiel einen schwarzen Handschuh – dargestellt.

BRAUSKOPF Meine Geschichte fängt an mit einem Raben. – Vor ungefähr einer Woche mußte ich unsre große Wiese mähen. Es ist eine große Wiese, sie geht bis zum Wald. Man hat zwei Tage dran zu mähen …

Elisabeth Schon gut, fang doch endlich richtig an!

Nanna *unwillig über Elisabeths Unterbrechung* Pssst.

Brauskopf Es war gegen Mittag, da schwebte plötzlich ein großer Schatten über das Gras. Direkt auf mich zu, über mich weg! Bin ich vielleicht erschrocken!

Während er erzählt, verdunkelt ein Schatten für einen Moment den Scheinwerferkegel, huscht über Brauskopf hinweg. Der wirft sich erschrocken zu Boden.

Rabe *lacht spöttisch* Du brauchst keine Angst zu haben! Der ist hinter mir her.

Brauskopf *steht wieder auf. Verlegen* Ich hab überhaupt keine Angst. Ich bin nur erschrocken.
Wer war das? Wer ist hinter dir her?

Rabe Ein alter, abscheulicher, nachtragender Adler!

Brauskopf Was hat er gegen dich?

Rabe Nur, weil ich ihn vor fünfzig Jahren mal beklaut habe! – Schnell, hilf mir, er kommt zurück! Versteck mich!

Der Schatten gleitet wieder über die Bühne. Brauskopf schwingt seinen Stock, ruft dem Adler zu.

Brauskopf Verschwinde! Mach, daß du wegkommst! Laß den Raben in Ruh, sonst kriegst du's mit mir zu tun!

Der Schatten gleitet noch einmal über die Bühne, verschwindet.

Rabe Weg! Der ist weg! Nicht zu glauben. Hast mir das Leben gerettet, sozusagen. Muß mich wohl bedanken?

Brauskopf Nicht der Rede wert …

Rabe Doch, doch, doch! Werd dir was erzählen. Mein Geheimnis! Komm näher! Los, schnell! – Wie alt bin ich? Sag schon!

BRAUSKOPF Du hast gesagt »Vor fünfzig Jahren« ...
RABE Fünfzig Jahre? *Er lacht* Zweihundertsieben bin ich. Zweihundertsieben Jahre und fünf Monate!
BRAUSKOPF Du lügst. So alt kann niemand werden.
RABE Gewöhnliche Raben nicht. Hab aber vom Wasser des Lebens getrunken. Damals im Dunkelwald.
BRAUSKOPF Wasser des Lebens? Dann wirst du nie sterben?
RABE Nur, wenn mich der Adler zerrupft. Dann ist es aus mit mir.
BRAUSKOPF Das Wasser des Lebens ...
RABE ... erhält jung. Wenn du es trinkst, bleibst du so, wie du gerade bist. Trinkst du's mit siebzehn, bleibst du siebzehn.
BRAUSKOPF Wo ist dieses Wasser?
RABE Im Dunkelwald. Hab ich doch gesagt. Hörst wohl nicht zu. Kann ich ja gleich fliegen.
BRAUSKOPF Nein! Warte doch! Erzähl mehr!
RABE Der Eingang vom Wald wird bewacht von einem Riesenweib. Kulschedra heißt sie. Groß ist sie und haarig. Kommst du nicht vorbei. Kannst ja nicht fliegen. Die Quelle wird auch bewacht.
BRAUSKOPF *ruft dem Raben nach* Von wem? Und wo ist der Wald?
RABE Der Rabe mag nicht alles sagen.
Mußt auch selber etwas wagen! – Krah!
BRAUSKOPF *zu Nanna* Ich bin gleich nach Hause gerannt und habe meinen Vater gefragt, wo der Dunkelwald ist.
NANNA Und? Wo ist er?
BRAUSKOPF Er hat den Namen nie gehört.
NANNA Schade! Und dann?
BRAUSKOPF Dann hab ich meine Mutter gefragt.
NANNA Und?
BRAUSKOPF Sie kennt ihn nicht.
NANNA Und dann?
BRAUSKOPF Meine Großmutter wußte etwas. »Man muß immer nach Osten gehen«, hat sie gesagt.
ELISABETH Osten ist da, wo die Sonne aufgeht.

BRAUSKOPF Genau.

NANNA Was hat sie noch gesagt? Erzähl doch weiter!

BRAUSKOPF »Erst kommen die Berge, dann ein großer Wald. Den haben sie früher den Dunkelwald genannt, vor hundert Jahren.«

NANNA Und dann? Was hast du gemacht?

BRAUSKOPF Gleich am nächsten Morgen hab ich meine Sachen gepackt, hab mich verabschiedet und bin losgezogen. Nach Osten. Und jetzt bin ich hier.

NANNA Das war richtig. So hätt ich's auch gemacht! Immer nach Osten. Du, Brauskopf ...

BRAUSKOPF Ja?

NANNA Meinst du, das Wasser des Lebens reicht nur für einen? Oder auch für viele. Für mehrere.

BRAUSKOPF Für viele! Ist doch eine Quelle.

NANNA Hättest du was dagegen ... also ...

BRAUSKOPF *aufgeregt, freudig* Wogegen? Sag doch!

NANNA Also: Warum gehn wir nicht alle drei zum Dunkelwald und trinken von dem Wasser?

BRAUSKOPF Ihr würdet mit mir gehen? Das haut mich um. Das find ich ... das, das ... Mensch, Nanna! Toll! *Er umarmt sie vor Freude.*

NANNA Die Riesin soll was erleben, wenn wir kommen, was? Zu dritt sind wir stärker als die!

ELISABETH He, Nanna, was sagst du da! Überlege doch erst mal ...

BRAUSKOPF Kulschedra, wir kommen! Morgen früh, wenn die Sonne aufgeht, ziehn wir los, ja?

NANNA Immer nach Osten!

BRAUSKOPF Daß ich euch getroffen habe! So ein Glück!

ELISABETH Hört doch mal zu! Nanna!

BRAUSKOPF Wir nehmen nur das Nötigste mit. Am besten, ihr versteckt ein paar von euren Sachen hier.

NANNA Ich brauch nur meine Decke und meinen Stock.

ELISABETH Jetzt hört doch endlich mal zu: Ich geh nicht mit!

Rabe die Wahrheit gesagt hat. Es heißt doch »Er lügt wie Rabe«!

BRAUSKOPF Nein, »Er stiehlt wie ein Rabe«!

ELISABETH Wenn jemand stiehlt, lügt er auch!

NANNA Jetzt streiten wir über den Raben! Ist doch egal. Wir gehen in diesen Wald, dann sehen wir schon, ob es dort eine Quelle gibt oder nicht.

ELISABETH Und diese Riesin?

NANNA Angsthäsin, Hasenfüßin!

ELISABETH Dann geh doch! Geh mit ihm! Ich brauch dich nicht, ich komm allein zurecht! *Beleidigt rollt sie sich in ihre Decke.*

NANNA Bah! Denkst du, ich brauche dich?

Nanna läßt ihre Wut erst mal an ihrer Decke aus, bevor sie sich auch zudeckt. Brauskopf legt sich neben Nanna, deckt sich mit seiner Decke zu.

BRAUSKOPF Sei nicht zornig! Soll sie hierbleiben, wenn sie will. Dann trinken wir eben das Wasser des Lebens allein. Soll sie alt werden und vertrocknen. Bald geht die Sonne auf, dann ziehn wir los.

NANNA Nein.

BRAUSKOPF Nein? Was nein? Wieso nein?

NANNA Ich geh nicht ohne sie.

BRAUSKOPF Eben hast du doch gesagt, du gehst mit mir!

NANNA Ich hab gesagt, wir gehn zu dritt.

BRAUSKOPF Aber …

NANNA Kein Aber. Wir waren immer zusammen, Elisabeth und ich. Sie ist wie … wie meine andre Hälfte. Ich komm nicht mit. Aus! Basta!

BRAUSKOPF Soll ich vielleicht alleine gehn!

NANNA Bevor du uns getroffen hast, wolltest du's doch auch.

BRAUSKOPF Aber jetzt nicht mehr. Nanna, überleg doch: Wir bleiben immer jung! Wir erleben, wie die Welt in hundert Jahren aussieht, was sie in zweihundert Jahren alles erfinden werden. Alle, die jetzt leben, sind dann tot. Nur wir nicht, wenn du mit mir kommst!

NANNA Ich kann nicht.

BRAUSKOPF *schaut zur schlafenden Elisabeth, schimpft* Blöde Ziege, die! Verdirbt uns alles. Nur, weil sie Angst hat. – Du, wenn ich Elisabeth rumkriege, wenn sie mitkommt, gehst du dann auch?

NANNA Natürlich. Was für 'ne Frage! Aber mach dir keine Hoffnungen, das schaffst du nicht. Wenn sie mal was beschlossen hat ...

BRAUSKOPF Wir werden's ja sehn. Versuchen kann ich's ja. Ich werd der doofen Gans die Ohren vollsäuseln, wie sehr ich sie brauche. Vielleicht hab ich Erfolg. *Er nimmt seine Decke, legt sich neben Elisabeth.*

NANNA *schaut ihm nach, dann resigniert* Das schafft er nie. Ich kenn doch Elisabeth! *Ärgerlich dreht sie sich um, schläft ein.*

BRAUSKOPF *leise zu Elisabeth* Elisabeth, schläfst du?

ELISABETH Nein.

BRAUSKOPF Du willst wirklich ganz allein zurückbleiben?

ELISABETH Ja.

BRAUSKOPF Das geht nicht. Ich kann dich doch nicht alleine hierlassen.

ELISABETH So?

BRAUSKOPF Ja. Da bleib ich lieber auch hier.

ELISABETH Wirklich?

BRAUSKOPF Ja. – Elisabeth, komm doch mit Nanna und mir! Bleib nicht allein hier. Wir brauchen dich doch. Wir brauchen einfach eine, die so klug ist wie du. Eine, die alles gut plant, sich alles gut überlegt ...

ELISABETH Brauskopf ...

BRAUSKOPF Wir verlaufen uns womöglich sonst! Wer weiß, ob wir ohne dich den Dunkelwald finden.

Elisabeth Brauskopf!

Brauskopf Nichts wird klappen, wenn du nicht dabei bist, rein gar nichts.

Elisabeth Brauskopf, glaubst du ein Wort von dem, was du gerade sagst?

Brauskopf Doch, doch, wir brauchen dich, wir ... ich ... Verdammt, ich kann so schlecht lügen! Wenn du nicht mitgehst, geht Nanna auch nicht, und ich bin so allein wie vorher!

Elisabeth Brauskopf, es tut mir leid. Das will ich nicht. Ich rede mit Nanna. Ich sag ihr, daß sie gehen soll.

Brauskopf Wirklich?

Elisabeth Wirklich! Ich sag ihr, daß sie mir von dem Wasser mitbringen soll. Dann geht sie bestimmt!

Brauskopf Tust du das? Das wäre schön! – Hast du denn keine Angst, ganz allein hier zurückzubleiben?

Elisabeth Doch. Aber ich kann sie überwinden, die Angst.

Brauskopf Das versteh ich nicht. Wenn du diese Angst überwinden kannst, warum nicht auch deine Angst vor der Riesin?

Elisabeth Es ist ja nicht nur die Angst ...

Brauskopf Was dann?

Elisabeth Erzähl mir doch mal: Was habt ihr mit der Riesin vor?

Brauskopf Wir stürmen auf sie los mit unsren Stöcken, brüllen und vertreiben sie!

Elisabeth Sie wird sich nicht vertreiben lassen. Wenn sie sich wehrt? Willst du sie töten?

Brauskopf *erstaunt* Wieso töten? Nein ... Vielleicht ...

Elisabeth Kannst du das denn, jemanden umbringen?

Brauskopf Hm. Nein.

Elisabeth Siehst du! Genau wie Nanna: Einfach drauflos, ohne viel nachzudenken.

Brauskopf Hm. Meinst du, wir müssen die Riesin wirklich umbringen?

Elisabeth Vielleicht könnt ihr sie überlisten. Manchmal hilft Schlauheit mehr als Mut.

Brauskopf Meinst du? – Weißt du, Elisabeth, vorhin, als ich gesagt habe, daß ich dich unbedingt dabeihaben will, war das gelogen. Ich hab das nur gesagt, damit Nanna mit mir geht. Jetzt sag ich dir was, das ist keine Lüge: Komm mit! Komm mit uns, wir brauchen dich wirklich! Bitte!

ELISABETH Hast du eigentlich einen Becher dabei?

BRAUSKOPF Einen Becher? Wozu?

ELISABETH Womit willst du denn das Wasser aus der Quelle schöpfen?

BRAUSKOPF Du hast recht …

ELISABETH Wir werden meinen blauen Becher mitnehmen, der hat einen Henkel.

BRAUSKOPF Wir? Du kommst mit?

ELISABETH Was soll ich denn machen? Ich kann euch doch nicht alleine gehn lassen.

BRAUSKOPF Sie kommt mit! He, Nanna! Nanna, wach auf. Hörst du, Nanna, sie geht mit. Wir gehn zu dritt! Alle drei! Da kommt auch schon die Sonne. Es lohnt sich nicht mehr zu schlafen. Packt eure Sachen! Wir gehen, wir gehen!

NANNA *packend, zu Elisabeth* Wir gehen! So was! Hat er dich tatsächlich rumgekriegt! Ich glaub, das hätte ich nicht geschafft.

ELISABETH Was ist nun: Freust du dich, daß ich mitkomme – oder ärgerst du dich, daß er mich rumgekriegt hat?

NANNA Natürlich freu ich mich! – Fertig! Auf, wir gehen!

BRAUSKOPF Wir gehen!

Die drei gehen singend ab, die beiden Mädchen schleifen ihre Decken hinter sich her.

ALLE *singen*

Wir gehn zum Dunkelwald,
gehn nun zum Dunkelwald!
Kulschedra, die Riesin,
die wacht dort vergebens.
Wir kommen und trinken
vom Wasser des Lebens

Immer leiser, ferner.

... vom Wasser des Lebens ...
... vom Wasser des Lebens ...
... Wasser des Lebens ...

Die Musik nimmt – instrumental – die Melodie des Liedes auf, sobald es verklungen ist. Während dieser Musik rascher Umbau.

3. Szene – Am Rand des Dunkelwaldes

Nanna, Brauskopf und Elisabeth sind nun schon seit vielen Wochen unterwegs. Von einem Teil ihrer Habe haben sie sich offensichtlich getrennt.
Nanna und Brauskopf marschieren voraus, Elisabeth bleibt hinter ihnen zurück und erzählt.

ERZÄHLERIN *Elisabeth*
Wie viele Wochen sind die drei gewandert!
Die Berge liegen schon so weit zurück.
So viele Wälder haben sie durchzogen!
Jedoch: Ein »Dunkelwald« war nicht darunter.
Und wieder ragt ein unbekannter Wald
vor ihnen auf. – Sie müssen ihn durchqueren!
SCHLANGE *schlängelt sich aus dem Gezweig, summt* SSS – sss – SSS ...
NANNA *aus dem Off* Elisabeth, wo bleibst du? Immer müssen wir auf dich warten!
ELISABETH Pst! Sei mal leise! – He, komm doch mal!
BRAUSKOPF *kommt zurück* Was ist denn?
ELISABETH Ein Tier!
BRAUSKOPF Was für ein Tier?
ELISABETH *guckt es sich an* Eine Schlange. Sie kann singen.

BRAUSKOPF Machst du Witze?
ELISABETH Hör doch mal!

Die Schlange, die die ganze Zeit nur vor sich hin gesummt hat, beginnt jetzt einen seltsamen Sprechgesang, wobei sie die Zischlaute betont. Sie wird von der Schauspielerin der Nanna – nicht sichtbar – geführt und gesprochen.

SCHLANGE
Kulschedra, die riesigste Riesin im Land,
ist allseits gefürchtet und allseits bekannt.
Sie fühlt sich so groß.
Doch sieht sie 'ne Schlange,
'ne winzige Schlange,
dann wird ihr so bange,
dann ist was los!
Dann ist was los!

BRAUSKOPF Hast du das gehört? Hast du das gehört! Sie hat was von Kulschedra gesagt!
ELISABETH Also sind wir am Dunkelwald! – Nanna, komm doch mal schnell!
NANNA *noch im Off* Wo seid ihr denn?
ELISABETH Hier, am Rand vom Dunkelwald!

Nanna kommt.

NANNA Dunkelwald? Bist du sicher?
BRAUSKOPF Eine Schlange hat's erzählt.
NANNA Wir sind da! Endlich! – Eine Schlange? Was hat sie denn gesagt?
ELISABETH Kulschedra hat Angst vor Schlangen!
NANNA *laut* Warum habt ihr sie dann nicht gefangen?
BRAUSKOPF Pssst!
NANNA *wird klar, daß Kulschedra ganz nahe sein kann, leise* Wir hätten Kulschedra damit angst machen können!

Brauskopf Stimmt!

Elisabeth *nachdenklich, betrachtet ihre Decke* Ich glaube, ich weiß was Besseres. Mir fällt gerade was ein …

Brauskopf Was denn?

Elisabeth Ich weiß es noch nicht genau … Laßt mich erst ein bißchen darüber nachdenken!

Nanna Denken kann man auch beim Gehen! Komm mit!

Brauskopf Laß sie doch! Sie denkt sich was aus.

Nanna Kommt doch mit!

Elisabeth Gleich! *Sie rollt ihre Decke zu einem schlangenähnlichen Gebilde zusammen, schüttelt den Kopf, zieht sie wieder auseinander. Brauskopf geht zu Nanna.*

Brauskopf Wo bleibt nur Kulschedra? Ich denke, sie bewacht den Eingang zum Wald!

Elisabeth Man kann aus vielen Richtungen in einen Wald gehen. Vielleicht wacht sie auf der anderen Seite.

Brauskopf Stimmt!

Nanna Genau! Sie wacht vorne, und wir kommen durch die Hintertür!

Brauskopf Gehn wir doch ein Stück rein, dann werden wir ja sehen …

Elisabeth Aber leise!

Nanna Leise! Typisch Elisabeth!

Sie gehen. Elisabeth stößt einen Schreckensschrei aus, weicht zurück.

Brauskopf Was ist?

Elisabeth *flüstert* Da ist ein Haus!

Nanna *lacht* Ein Haus! Hast du noch nie ein Haus gesehn?

Brauskopf Hat dich das Haus erschreckt?

Elisabeth Sieh doch mal die Haustür!

Nanna Die ist ein bißchen riesig …

Brauskopf Drei Meter fünfzig, würd ich schätzen …

Elisabeth Wer, glaubst du, geht durch so ’ne Tür?

NANNA Du meinst …
BRAUSKOPF Das ist ihr Haus! Da kannst du recht …
ELISABETH Psst! Hört doch!

Überlaute, grauenhaft gräßliche Schritte nähern sich von hinten, werden lauter.

NANNA *nun doch beeindruckt, flüstert* Das ist sie!
BRAUSKOPF Komm!

Sie gehen ein paar Schritte darauf zu, spähen durch die Kulissen. Sie kommen schnell wieder zurück zu Elisabeth.

BRAUSKOPF Mann, ist die groß!
NANNA Ich hätte nie gedacht, daß sie so riesig ist! Was machen wir jetzt?
BRAUSKOPF Elisabeth, fällt dir was ein?
ELISABETH Ich hab mir schon was ausgedacht. Kommt schnell!
BRAUSKOPF Warte! Da geht's doch zum Haus der Riesin!
ELISABETH Ja und? Wenn sie dort ist – *sie deutet in Richtung der immer lauter werdenden Schritte* –, kann sie ja nicht im Haus sein.
NANNA Sie hat recht. Komm!

Die drei gehen schnell ab. Der Kopf der Riesin taucht hinter der Kulisse auf. Die Schritte sind verstummt. Sie schaut nach links, nach rechts. Gerade als sie in Richtung ihres Hauses schaut, kommt von dort eine riesige Schlange. Die wird von Elisabeth, Brauskopf und Nanna in der Art der Stoffdrachen auf den chinesischen Neujahrsfesten dargestellt: Der Körper der Schlange besteht aus der zusammengerollten Decke, ein roter Strumpf schnellt als Zunge aus dem Maul. Die drei tragen die Schlange an Stöcken, bewegen sie schlängelnd, sich windend. Die Schlange windet sich auf Kulschedra zu, zischt sie an, die rote Zunge schnellt heraus.
Kulschedra schreit auf, der Kopf verschwindet schnell hinter den Kulissen, laute, polternde Schritte, immer leiser werdend, wie

wenn jemand in panischer Hast davonstürzt. Dann Ruhe. Die drei werfen jubelnd die künstliche Schlange weg, umarmen sich, feiern ihren Sieg.

ELISABETH Sie ist weg! Sie ist weg!
NANNA Die kommt nicht wieder!
BRAUSKOPF Das muß ein Schreck für sie gewesen sein, was?
NANNA Will in ihr Haus, da kommt 'ne Riesenschlange raus!
ELISABETH Wo sie doch schon vor kleinen Schlangen Angst hat!
BRAUSKOPF Nie traut die sich zurück!
NANNA Elisabeth, was hätten wir nur ohne dich gemacht!
BRAUSKOPF Gegen die hätten wir nichts ausrichten können, ehrlich!
NANNA Die hatte Arme wie Baumstämme.
BRAUSKOPF *stolz* Wie gut, daß ich Elisabeth überredet habe mitzukommen! Wißt ihr, was wir jetzt machen? Wir gehen in das Haus und übernachten da. Wir haben erst mal eine Pause verdient. Es wird sowieso bald dunkel. Kommt mit!
NANNA Ins Haus? Ich weiß nicht ... Laß uns doch draußen schlafen, wie immer!
BRAUSKOPF Draußen? Hast du Angst im Haus?
NANNA Angst! Ich mag keine Häuser, da fühl ich mich eingeschlossen. Ich brauche frische Luft um mich. Und wenn ich nachts hochgucke, will ich Sterne sehn und keine Zimmerdecke.
BRAUSKOPF Ich schlaf gern in Häusern und in Betten! Zu Hause hab ich ein ganz weiches Bett gehabt ... Ich geh ins Haus. Kommst du mit, Elisabeth?
ELISABETH Ich? ... Ja. – Bis morgen früh, Nanna!
NANNA Schlaft gut. – Bis morgen!
BRAUSKOPF Bis morgen!
NANNA Schlaft gut ...

Nanna schlüpft unter ihre Decke, Licht weg, Dunkel, Umbau. Musikakzent.

4. Szene – Vor Kulschedras Haus

Das Haus steht nun frontal in der Bühnenmitte.

ERZÄHLERIN *Nanna*
Am nächsten Morgen, schon in aller Frühe,
kam Nanna zu den beiden an das Haus.

Gerade als Nanna die Tür öffnen will, geht sie auf, Brauskopf und Elisabeth stehen im Türrahmen. Brauskopf hat eine überdimensionale Pfanne in den Händen, Elisabeth eine Riesentüte im Arm.

BRAUSKOPF Guten Morgen, Nanna!
ELISABETH Nanna, schau mal, was wir in Kulschedras Küche gefunden haben! Rosinen!
BRAUSKOPF Und Mehlsäcke stehen da herum, so groß! *Er zeigt es, indem er den ausgestreckten Arm hochreckt.*
ELISABETH Heute mache ich uns Pfannkuchen mit Apfelmus.
BRAUSKOPF Für mich einen mit Rosinen!
NANNA Sollen wir nicht lieber gleich aufbrechen und nach der Quelle suchen?
BRAUSKOPF Warum denn solche Eile, Nanna! Die läuft uns nicht weg. Laß uns erst mal gut essen. Du kannst dir gar nicht vorstellen, was man in dem Haus alles findet!
NANNA Na ja, wenn ihr meint …
BRAUSKOPF Morgen, Nanna, morgen ziehn wir los!

Akzent – Musik oder Licht.

ERZÄHLERIN *Nanna*
Am zweiten Tag, da war es wie am ersten:
Als Nanna morgens nach den beiden schaute,
da dachten die nicht dran, gleich loszuziehn!

Brauskopf kommt rückwärts aus der Tür, trägt einen überdimensionalen Stuhl, dessen Beine mehr als einen Meter hoch sind.

Brauskopf Kannst du die Säge mitbringen, Elisabeth?
Elisabeth Ich hab sie schon dabei. – Hallo, Nanna!

Brauskopf beginnt, ein Stuhlbein abzusägen.

Nanna *zu Brauskopf* Was machst du da?
Brauskopf Ach, guten Morgen, Nanna. Ich säge!
Nanna Was soll das?
Brauskopf Denkst du, ich will immer mit der Leiter auf meinen Stuhl steigen? Ich mach ihn kürzer.
Elisabeth Und schiefer! *Sie mißt dabei nach.*
Brauskopf Ist ja auch noch nicht fertig.
Nanna Laß ihn schief sein. Wir ziehen sowieso gleich los!
Elisabeth Ich finde, Brauskopf hat recht: Wir wollen doch alle drei hier wohnen, wenn wir mit dem Wasser wiederkommen.
Nanna Na und?
Brauskopf Wenn wir zurückkommen, soll hier schon alles richtig sein. Keine Riesenstühle. Und kein Tisch, so hoch wie unsre Stube daheim.
Nanna Und wann ziehn wir los?
Brauskopf Morgen, Nanna!
Elisabeth Morgen ganz bestimmt!

Akzent.

Erzählerin *Nanna*
Es war am dritten Tag, als Nanna spürte,
daß von den beiden keiner mehr dran dachte,
aus diesem Haus bald wieder auszuziehn.

Lachen und Gekicher dringen aus dem Haus. Lachend und prustend kommen Elisabeth und Brauskopf aus der Tür: Sie stecken zusammen in einer riesigen Hose, jeder in einem Hosenbein, und versuchen, sich so, trippelnd oder hüpfend, fortzubewegen. Dabei

ELISABETH Nanna! Nanna, guck mal! *Sie bekommt einen neuen Lachanfall.*

BRAUSKOPF Schau mal: Wir haben Kulschedras Kleiderschrank entdeckt!

ELISABETH Guck mal, was die für Hosen hatte.

Sie hüpfen synchron durch die Gegend, kichernd. Nanna kann das gar nicht so komisch finden. Sie wird immer wütender. Sie hält die Hose so fest, daß die beiden hinpurzeln.

BRAUSKOPF He, was soll das?

NANNA Kommt raus aus der Hose!

BRAUSKOPF Was hast du denn?

NANNA Wir ziehn jetzt los. Und zwar auf der Stelle!

BRAUSKOPF Warum so schnell?

NANNA Weil ihr »morgen« gesagt habt! Jetzt ist morgen!

ELISABETH Aber ...

NANNA Aber? Soll ich euch was sagen: Ihr habt gar keine Lust mehr weiterzuziehn. Euch gefällt es nämlich hier!

ELISABETH Ist das so schlimm?

NANNA Ich will eine klare Antwort. *Zu Brauskopf* Kommst du mit?

BRAUSKOPF Natürlich, klar! Aber nicht heute. Wir wollen noch den Dachboden erforschen!

NANNA *zu Elisabeth* Und du?

ELISABETH *schaut zu Brauskopf* Ich weiß nicht ...

NANNA Schöne Freunde seid ihr!

ELISABETH Sei doch nicht immer gleich so wütend, Nanna! Laß uns in aller Ruhe darüber reden ...

NANNA Sei still! – Die häusliche Elisabeth, nun hat sie endlich, was sie will! Ich hab die Nase voll von dir. Ich geh allein!

ELISABETH Geh doch! Geh doch, wenn du willst!

NANNA Ja! Bleib bei deinem Brauskopf! Verschimmelt doch in eurem Haus! Mich seht ihr nie mehr wieder!

BRAUSKOPF Ist auch besser so! Je schneller du gehst, desto besser!

NANNA Keine Sorge, ich geh schon! *Sie beginnt damit, ihre Sachen einzupacken* Gleich seid ihr mich los!

ELISABETH *zu Brauskopf* Wir können sie doch nicht gehen lassen! – Nanna, warte!

BRAUSKOPF Wenn sie doch gehen will!

ELISABETH Als du allein mit Nanna losziehen wolltest, ist sie da mit dir gegangen? *Sie rennt hinter Nanna her* Nanna!

NANNA Laß mich in Ruh!

ELISABETH Warte doch! Ich komme mit! – Ich laß doch meine andre Hälfte nicht allein!

NANNA *gerührt, umarmt sie* Elisabeth! – Und Brauskopf?

ELISABETH Allein wird er auch nicht bleiben wollen. Komm, wir sagen es ihm! – Brauskopf, wir ziehen doch los, alle drei!

BRAUSKOPF Ich bleibe hier!

ELISABETH Brauskopf!

NANNA Das ist doch nicht dein Ernst!

BRAUSKOPF Ich bleibe hier.

NANNA Aber wir gehen!

BRAUSKOPF Meinetwegen. Geht nur!

ELISABETH Was ist mit dir los? Soll ich wirklich ohne dich gehn?

BRAUSKOPF Wenn du lieber mit Nanna gehn willst als mit mir hierbleiben: bitte!

NANNA Jetzt ist er eingeschnappt. Du, wir gehn wirklich!

ELISABETH *nimmt Nanna beiseite* Das können wir nicht machen, Nanna. Es ist doch sein Geheimnis, ihm hat's der Rabe erzählt. Wir können doch nicht das Wasser ohne ihn trinken!

NANNA Es wird immer verzwickter! Zu dritt geht's nicht, zu zweit auch nicht. Ich muß wohl doch alleine los.

ELISABETH Oder mit uns bleiben!

NANNA Bleibst du denn lieber?

ELISABETH Ja, schon. Aber nur, wenn du auch bleibst.

NANNA Hm. Hör mir zu: Ich geh allein! Ich bringe euch das Wasser des Lebens einfach mit. In diesem Krug. Wir trinken es hier zusammen, alle drei. Das ist die Lösung!

BRAUSKOPF Hast du denn keine Angst allein?

NANNA Angst? Heiß ich Elisabeth? Leb wohl, Elisabeth, auf Wiedersehn!
BRAUSKOPF Wir richten das Haus her. Alles wird schön sein, wenn du wiederkommst!
NANNA Dann beeilt euch damit. Wahrscheinlich bin ich morgen schon wieder hier.

Sie geht, zögernd, Elisabeth und Brauskopf schauen hinterher.

ELISABETH Ich wünsch dir Glück, Nanna!
BRAUSKOPF Verirr dich nicht!
NANNA *macht sich selber Mut, mit großer Geste* Immer nach Osten!

Sie geht in die falsche Richtung ab, Elisabeth und Brauskopf korrigieren sie, zeigen in die richtige Richtung.

ELISABETH Nach Osten!
NANNA *nimmt es lachend zur Kenntnis, geht in die andere Richtung, dabei noch einmal* Immer nach Osten!

Licht weg, Musik, Umbau.

Pause

5. Szene – Im Dunkelwald

Schummriges Halblicht, Dickicht, Grün.

ERZÄHLERIN *Nanna*
Wie lang ist Nanna jetzt im Dunkelwald?
Zwei Wochen? Drei? Sie weiß es schon nicht mehr.
Um sie herum nichts als nur Baumgewirr,
und aus dem Waldesdunkel ferne Schreie
von Tieren, die sie nie zu sehen kriegt.
Ist sie am Rand des Waldes? In der Mitte?
Ist sie an dieser Stelle schon gewesen?
Wie soll sie so die Quelle finden können!

NANNA *schlägt mit ihrem Stock wütend gegen einen Baum* Ja, verdammt! Wie soll ich die verdammte Quelle finden, verdammt noch mal!

Eine Waldtierfamilie wurde durch das Stockschlagen aus dem Schlaf geschreckt. Das erste Tier streckt den Kopf aus seiner Höhle und schimpft.

1. TIER He! Hast mich aufgeweckt!
2. TIER *taucht irgendwo neben dem ersten auf* Mich auch!
1. TIER *zu Nanna* Siehst du!
3. TIER *taucht neben dem zweiten auf* Auch mich!
2. TIER *zu Nanna* Hörst du!
1. TIER *zu den anderen* Und Oma?
2. TIER Die Oma!
3. TIER Ja, Oma!

ALLE DREI *nach unten gebeugt, laut rufend* He, Oma! Hörst du? Oma, Oma, he, he, he!

4. TIER *verschlafen und mit sehr zerzausten Haaren* Wie? Was? Wo? Was mag nur vorgefallen sein? Ach, ihr ruft, liebste Enkelchen! Was gibt's? Sprecht frisch heraus!
1. TIER Hat's dich geweckt?

4. Tier Wer mich geweckt hat, meint ihr? Nun, das wart doch ihr mit eurem Geschrei, nicht wahr!
1. Tier *deutet auf Nanna* Nicht das da?
4. Tier Was da? Ach, dies da meint ihr. Nein, nein, das hat mich keineswegs geweckt. – Scheint übrigens ein weiblicher Mensch zu sein.
1. Tier Na gut, kannst wieder schlafen!
2. Tier Weiterschlafen!
3. Tier Schlafe weiter!

4. Tier hält sich an diesen Vorschlag, verschwindet nach unten.

Nanna Entschuldigung, ich wollte euch nicht wecken, tut mir leid.
1. Tier Aber hast du!
2. Tier Ja, ja!
3. Tier Mhm, mhm!
Nanna Da ihr schon mal wach seid: Kennt ihr eine Quelle hier im Wald?
1. Tier Eine Qualle?!?
2. Tier Eine Kelle?!
3. Tier Eine Kuhle?
Nanna Nein, eine Wasserstelle. Das Wasser des Lebens.
1. Tier *verschwindet erschrocken* Huch!
2. Tier *verschwindet erschrocken* Hach!
3. Tier *verschwindet erschrocken* Och!
Nanna Wartet! Wartet doch! Warum erschreckt ihr denn so? Wißt ihr etwas?
3. Tier *streckt vorsichtig den Kopf heraus* Wissen …
2. Tier … wir …
1. Tier … etwas?
Alle drei He, Oma. Hörst du? Oma, Oma, he, he, he!
4. Tier *verschlafen, mit noch zerzausteren Kopfhaaren* Wer? Was? Wo? Ach, ihr ruft, liebste Enkelchen. Worum mag es wohl diesmal gehn? Ich bin ja sooo gespannt!

Die drei Enkel flüstern der Oma aufgeregt in beide Ohren.

4. TIER *pikiert* Was? Wasser des Lebens?! Aber ihr wißt doch, liebe Enkel, daß es Unheil anrichtet. Niemals dürft ihr irgend jemandem verraten, hört ihr: Nie-mals, daß man nur zweihundert Schritte dort entlang gehen muß …

NANNA *unterbricht interessiert* Wo? Da?

4. TIER *unwillig über die Störung, zeigt in eine Richtung* Nein, dort! *Weiter zu den Enkeln* Niemals, versteht ihr!

1. TIER Ja, gut. Kannst schlafen!

2. TIER Weiterschlafen.

3. TIER Schlafe weiter!

Die Oma verschwindet wieder gähnend in ihrem Schlafnest.

1. TIER Hast ja gehört!

2. TIER Nie-mals!

3. TIER Nie-mals nie!!

NANNA *beginnt schon ihre Schritte zu zählen, geht in die angegebene Richtung* Eins, zwei, drei, vier … Trotzdem vielen Dank, ihr habt mir sehr geholfen. *Sie zählt weiter, ruft zurück* Schlaft gut!

1. TIER Du auch! – Gähn! *Verschwindet.*

2. TIER Schnuffel! *Verschwindet.*

3. TIER Schnarch! *Verschwindet.*

NANNA Zweihundert Schritte nur, in diese Richtung! … *Sie zählt ihre Schritte, geht nach rechts ab. Während sie geht, wird das Licht weggenommen, schneller Umbau zum Quellenbild.*

6. Szene – Die Quelle

Der dichte Wald wölbt sich um den Ort der Quelle, fast sakral anmutende Raumsituation, Wasser fließt in ein kleines Becken.

NANNA *tritt von links wieder auf* 193 ... 194 ... 195 ... 196 ... Die Quelle! Ich hab sie gefunden! Das Wasser des Lebens!

Sie geht auf die Quelle zu. Aus dem Dunkel tritt ein mächtiges Wesen mit strengem, schönem Maskengesicht.

WÄCHTER Halt!

NANNA *beachtet ihn nicht in ihrer Freude, kniet sich an der Quelle nieder, öffnet den Verschluß des mitgebrachten Kruges* Oh, Elisabeth und Brauskopf, ich hab's! Endlich hab ich das Wasser gefunden!

WÄCHTER *dreht sich. Nun sieht man das zweite Gesicht auf der anderen Kopfseite; es trägt die gleiche Maske* Tu es nicht!

NANNA Wer bist du überhaupt? Was willst du?

WÄCHTER Ich bewache das Wasser des Lebens.

NANNA Hör mal: Ich schöpfe nur schnell mal meinen Krug voll, und schon bin ich wieder verschwunden, ja? Ich bin gleich weg, keine Sorge!

WÄCHTER Hüte dich! *Er dreht sich. Das andere Gesicht sagt* Ich warne dich!

NANNA Aber da ist doch genug Wasser für uns beide. Mehr, als du mit deinen beiden Mündern trinken kannst. Ich weiß gar nicht, was du hast!

WÄCHTER Es ist verboten, das Wasser mit sich fortzunehmen!

NANNA Ach, und trinken darf ich?

WÄCHTER Ja, trink. Doch nimm das Wasser nicht mit dir!

NANNA Das geht nicht. Ich hab meinen Freunden versprochen, daß wir es zusammen trinken, also muß ich es ja wohl mitnehmen. Ich nehm mir nur ganz wenig. Gerade genug für drei Schlückchen ...

Wächter Ich warne dich ein zweites Mal!

Nanna Wo ist denn da der Unterschied? Ein Schluck – oder drei!? Sei nicht so geizig!

Wächter Ich warne dich ein letztes Mal!

Nanna Du denkst wohl, ich habe Angst, weil du nach zwei Seiten gucken kannst? Da hast du dich aber getäuscht, ich fürchte mich vor niemandem!

Schnell beugt sie sich hinunter, um Wasser zu schöpfen und damit wegzurennen. Noch schneller schwingt der Wächter seinen Mantel über sie. Magisches Geräusch. Nanna ist versteinert.

Wächter Versteinert sollst du stehn, als stumme Mahnung für alle, die das Wasser stehlen wollen. Viele Jahre, lange Zeit. So lang, bis Jupiter mit seinen sechzehn Monden die Sonne ganz umrundet hat.
Ich habe dich gewarnt! *Er dreht sich* Du hast es so gewollt!

Er verschwindet im Dunkel des Bühnenhintergrunds, gleichzeitig wird das Licht weggezogen. Musik: Das Quellenmotiv geht über in eine naiv-bukolische Melodie, während die Bühne umgebaut wird.

7. Szene – Vor dem Haus

Bild wie 4. Szene. Das Haus hat sich inzwischen verändert, ist menschlicher geworden. Zum Beispiel ist die Riesentür quer durchgesägt und ihr Oberteil festgenagelt worden. Jetzt wird nur der untere Teil der Tür geöffnet, der menschlichen Maßen entspricht. Die alte Türklinke in zwei, drei Meter Höhe ist noch da, wird aber nicht mehr benutzt. Es gibt jetzt eine neue, in üblicher Höhe angebracht, usw.
Elisabeth und Brauskopf vor dem Haus. Sie streichen gerade die

Fassade an. Dafür stehen ihnen zur Verfügung: zwei breite Pinsel, ein Eimer mit Farbe, der abgesägte Kulschedra-Stuhl aus Szene 4. Während des nachfolgenden Dialogs läuft eine fast slapstickhafte Szene ab, alle nur denkbaren Kombinationen zwischen zwei Menschen, einem Eimer und einem Stuhl können durchgespielt werden. Etwa: Beide beginnen am rechten, äußeren, unteren Rand zu streichen und kommen sich deshalb natürlich ständig in die Quere. Um diesen Zustand zu beenden, steigt Elisabeth auf den Stuhl, streicht jetzt ganz oben. Brauskopf streicht am Boden entlang, nimmt ohne böse Absicht den Eimer mit sich, so muß Elisabeth vom Stuhl steigen und zum Eimer gehn, wenn sie den Pinsel eintauchen will. In der Zwischenzeit ist Brauskopf auf den Stuhl gestiegen ... Oder: Einer beginnt ganz links zu streichen, einer ganz rechts. Dabei holen sie dem Partner/der Partnerin – gedankenverloren und ganz in ihr wichtiges Gespräch vertieft – abwechselnd Stuhl oder Farbeimer weg ... usw.
Zu Beginn der Szene steigt Brauskopf aus seiner Rolle aus, wird zum Erzähler.

ERZÄHLER
Drei Jahre ist es her, daß Nanna fortging.
Elisabeth und Brauskopf haben lange
und oft nach ihr gesucht. Doch stets vergeblich.
Sie fanden weder Nanna noch die Quelle.
Der Wald ist riesengroß und viel zu dicht.
Elisabeth und Brauskopf sind erwachsen,
sind nun ein Paar und leben in dem Haus.

BRAUSKOPF Das war eine wirklich gute Idee ... *Stößt gegen Elisabeth* Entschuldigung! ... Gute Idee von dir!

ELISABETH Macht nichts. Oh, Verzeihung, das wollte ich nicht! Was meinst du? Was war gut?

BRAUSKOPF Na, das hier ... hoppla, hab ich dir weh getan? ... Daß wir unser Haus anstreichen.

ELISABETH Ja. Du wirst sehn, wie gut es – Entschuldigung – gut es danach aussieht! Oh, Verzeihung!

BRAUSKOPF Macht nichts, hab nur ein bißchen Farbe abbekommen. Jedenfalls viel besser als vorher. Du stehst auf meinem Stuhl!

ELISABETH Wieso auf deinem?

BRAUSKOPF Weil ich da gerade draufgestanden habe.

ELISABETH Ach so. Entschuldigung.

BRAUSKOPF Macht nichts. – Du, Elisabeth, ich … ich muß dich was fragen, etwas … etwas ganz Wichtiges …

ELISABETH Was Wichtiges? Frag doch!

BRAUSKOPF Wo ist denn schon wieder der Eimer?!

ELISABETH Dort! – War das die wichtige Frage?

BRAUSKOPF Nein, natürlich nicht …

ELISABETH Dann stell sie doch, die Frage!

BRAUSKOPF Ist gar nicht einfach … Hast du … ich meine: Hast du eigentlich vor, hier wohnen zu bleiben? Mit mir hier zu wohnen?

ELISABETH *streicht, denkt nach dabei. Brauskopf wartet nervös* Eigentlich schon. – Doch, ja!

BRAUSKOPF Für immer?

ELISABETH Ja, für immer. Und jetzt du: Willst du's auch?

BRAUSKOPF Ja, ich auch.

ELISABETH Wirklich? Das ist schön! *Sie gibt ihm einen Kuß.* – Ich frage mich nur …

BRAUSKOPF Was fragst du dich?

ELISABETH Was wird mit Nanna? Ob Nanna auch hier wohnen will, wenn sie zurückkommt?

BRAUSKOPF Ja! Bestimmt! Wo jetzt alles so schön ist!

ELISABETH Sie hält es aber nie lange aus an einem Ort. Sie mag auch keine Häuser … Und wenn sie weiterziehen will?!

BRAUSKOPF Dann soll sie doch! Wir bleiben jedenfalls.

ELISABETH Aber ich kann sie doch nicht alleine weggehn lassen …

BRAUSKOPF So, kannst du nicht?! Geht das schon wieder los! Gerade hast du mir versprochen, daß du hierbleibst. Hier mit mir! Für immer, hast du sogar gesagt. Was stimmt denn nun?

Elisabeth Ich ... ich weiß auch nicht. Was soll ich denn machen!

Brauskopf Ich weiß jedenfalls, was ich mache! *Er stürmt ins Haus.*

Elisabeth Brauskopf, sei nicht böse! Wo gehst du hin? Brauskopf!

Brauskopf *kommt heraus mit einem Getreidesack* Das ist Getreide aus Kulschedras Vorratskammer. Weißt du, was ich damit mache: Das werde ich nun aussäen. Ich lege einen Acker an und einen Garten. Ich bleibe nämlich hier, für immer. Schließlich will ich auch nächstes Jahr was zu essen haben, wenn die Vorratskammer leer ist.

Elisabeth Kannst du das? Getreide anbaun und Garten anlegen?

Brauskopf Das hab ich schließlich zu Hause gelernt.

Elisabeth Und du hast gar keine Lust mehr fortzugehen?

Brauskopf Fort? Wohin denn?

Elisabeth Du wolltest mal das Wasser des Lebens holen!

Brauskopf Du weißt doch selbst, wie oft wir jetzt schon nach Nanna und der Quelle gesucht haben. Ein Wunder, daß wir uns nicht für immer verirrt haben im Dunkelwald. Er ist größer als so manches Land, und dicht ... du kennst ihn ja. Nein, ich hab jetzt anderes zu tun. Vielleicht kommt ja Nanna eines Tages wieder, mit dem Wasser.

Elisabeth Dann wird sie staunen, wenn sie sieht, wie schön hier alles ist, das Haus und der Garten.

Brauskopf Und was dann alles hier wächst!

Elisabeth Sie bleibt bestimmt. Du, jetzt glaub ich's auch: Sie wird gar nicht mehr weggehn wollen.

Brauskopf Und wenn sie trotzdem will?

Elisabeth Dann sag ich ihr: Ich bleibe hier!

Brauskopf geht zu ihr, umarmt sie. Eng umschlungen gehen sie ins Haus, schließen die Tür. Kurzer Lichtwechsel, sehr kurzer Musikakzent, der in lautes Babygeschrei übergeht. Ende des Babygeschreis, Licht. Elisabeth kommt aus dem Haus mit einem Waschkorb in den Händen. Sie geht erst – als Erzählerin – nach vorne.

Erzählerin

Und wieder ist viel Zeit seitdem vergangen.
Aus Tagen wurden Wochen, schließlich Jahre.
Elisabeth und Brauskopf sind nun Eltern.
Ihr erstes Kind ist sechzig Tage alt.

Brauskopf kommt aus dem Haus, den Säugling im Arm. Sein Äußeres hat sich gegenüber dem ersten Teil der Szene verändert, er trägt eine andere Jacke o. ä. Elisabeth, nun wieder in ihrer Rolle, geht zu ihm hin.

Brauskopf Findest du nicht, daß sie mir ähnlich sieht? Guck doch mal, von der Seite! Unwahrscheinlich ähnlich!

Elisabeth Hm. Sie hat die gleiche Nase.

Brauskopf Nase? Ja, das auch. Und der Mund? Guck doch, sie lächelt!

Elisabeth Lächle mal!

Brauskopf lächelt breit und unnatürlich.

Elisabeth Stimmt!

Brauskopf Was ißt eigentlich so ein Kind, wenn es anfängt zu essen? Ich weiß es: Haferflocken. Kinder essen Haferflocken, genau das ist es! Auf dem großen Acker neben dem Wald werden Haferflocken angebaut!

Elisabeth Haferflocken?!

Brauskopf Na ja, Hafer halt! Du machst daraus die Flocken. *Während der nun folgenden logistischen Überlegungen legt Brauskopf das Kind in den Waschkorb, schiebt den Korb als »Acker« hin und her, nimmt andere Gegenstände dazu, um die Lage der Felder zueinander zu verdeutlichen.* Mohrrüben brauchen wir auch noch, die hab ich als kleines Kind immer gekriegt. Dieses Jahr gibt es mal keinen Kohl, sondern Möhren. Und wo wir die Gerste hatten, kommt jetzt der Hafer hin. Dann brauchen wir noch Milch, also eine Kuh.

ELISABETH Wo soll die denn hin?

BRAUSKOPF Hierher! Ich baue einen Stall. Der kommt dahin, wo vorher der Kohl war …

ELISABETH Da sind aber schon die Mohrrüben!

BRAUSKOPF Dann kommen die Möhren eben dahin, wo wir die Gerste hatten!

ELISABETH Moment: Und der Hafer?!

BRAUSKOPF Kommt daneben. Einfach daneben! Wenn erst die Kleine ihren ersten Haferschleim kriegt …

ELISABETH »Die Kleine«, wie das klingt!

BRAUSKOPF Stimmt. Höchste Zeit, daß sie einen Namen kriegt. Hast du dir schon einen ausgedacht?

ELISABETH Ja. Und du?

BRAUSKOPF Ich auch. Wie heißt denn deiner?!

ELISABETH Sag erst deinen!

BRAUSKOPF Ich finde, wir sollten sie »Nanna« nennen.

ELISABETH Nein, das ist nicht gut. Das klingt, als ob Nanna nie mehr wiederkommt. Stell dir doch mal vor, sie kommt zurück: Wir rufen »Nanna«, und alle beiden sagen »Ja«!

BRAUSKOPF Und wie ist dein Vorschlag?

ELISABETH Vielleicht Margarete?

BRAUSKOPF Margarete? Viel zu lang!

ELISABETH Weshalb zu lang?

BRAUSKOPF *holt das Baby aus dem Körbchen* Stell dir vor, du singst ihr ein Schlaflied: Wie das klingt!
Schlaf, Mar-ga-re-te, schlaf,
dein Vater hütet die Schaf …
Das geht nicht. »Anna« geht, das ist ein guter Name! Sing ihr doch mal das Lied mit »Anna«, versuch's mal! *Er reicht ihr den Säugling.*

ELISABETH *wiegt das Kind, singt* Schlaf, Anna, schlaf …

BRAUSKOPF *stolz* Na, siehst du!

ELISABETH … dein Vater ist ein Schaf …

BRAUSKOPF He, das geht zu weit! Doch nicht vor dem Kind!

ELISABETH *lacht, küßt ihn, singt die Schlußzeile* Schlaf, Kindlein, schlaf! *Sie geht mit dem Kind ins Haus. Licht nur noch auf der Vorderbühne, dort bleibt Brauskopf zurück, als Erzähler, bevor er auch ins Haus geht und die Tür hinter sich schließt.*

Erzähler

So lebten Brauskopf und Elisabeth.
Es gab so viel zu planen, viel zu tun.
Und nur noch selten fragten sich die beiden:
»Wie mag es Nanna gehn? Wo mag sie sein?«

Das Licht wird rasch eingezogen. Umbau. Während des Umbaus Zwischenmusik: das Quellenmotiv.

8. Szene – An der Quelle

Nanna war fast zwanzig Jahre versteinert, das muß man ihr natürlich ansehen. Sie ist mit Moos überwachsen, sieht einem Felsen ähnlicher als einem Menschen. Heute ist der Tag, an dem sie wieder zum Leben erwachen darf. Waldtier 1 taucht auf, inspiziert sie, ruft Waldtier 2 herbei.

1. Tier He, he, du!
2. Tier Wer? Ich?
1. Tier Ja, du!
2. Tier Was ist?
3. Tier *taucht auf* Ist was?
1. Tier Da, schau!
2. Tier Ein Mensch?
3. Tier Kein Mensch, ein Stein!
1. Tier Ein Menschenstein!
2. Tier Ein Felsenmensch!
1. Tier Lebt der?
2. Tier Ist eine die!
3. Tier Und? Lebt sie?

1. Tier Weiß nicht!
2. Tier Weiß auch nicht ...
3. Tier Auch ich nicht ...
1. Tier Oma hätt's gewußt!
2. Tier Doch die ist tot.
3. Tier Seit siebzehn Jahren.
1. Tier Ich krieg es raus, ich schau mal nach!
2. Tier Doch Vorsicht!
3. Tier Obacht!
2. Tier Nicht zu nah!

Waldtier 1 wagt sich ziemlich nah an Nanna heran. In diesem Moment erwacht sie zum Leben, beginnt sich eckig und mühsam zu bewegen, sich zu dehnen. Alle drei Tiere verschwinden erschrocken, tauchen weg.

1. Tier *verschwindet* Huch!
2. Tier *verschwindet* Hach!
3. Tier *verschwindet* Och!

Nanna Bin ich vielleicht steif! Ich kann mich kaum bewegen. Ich hab wohl stundenlang geschlafen. *Sie lockert sich mühsam, streift das Moos von sich* Wie ich aussehe! Da steht ja noch der Krug. *Sie will gleich wieder nach ihm greifen, besinnt sich dann, läßt es sein* Nein, lieber nicht, sonst geht's mir so wie gestern. Was soll ich denn machen? Allein das Wasser trinken? Nein, ich hab ein Versprechen zu halten ... Hm. Wie sagt Elisabeth immer: Mit List kommst du manchmal weiter als mit Mut. *Sie ruft* Du! Du mit den zwei Gesichtern! Du hörst mich. Du beobachtest mich, ich weiß es ganz genau. Warum kommst du nicht?

Wächter *erscheint unvermittelt aus dem Dunkel* Du bist dem Wasser ferngeblieben, hast nichts davon in diesen Krug geschöpft. Du hast gelernt, und das ist gut.

Nanna Darf ich dich was fragen, bevor ich jetzt gehe?

Wächter Sprich!

Nanna Warum hast du eigentlich zwei Gesichter?

WÄCHTER Mir gehören die Zukunft und die Vergangenheit. Geh ich nach dort, so sehe ich die Dinge, die schon waren. Geh ich nach dort, die Dinge, die noch kommen.

NANNA Du weißt alles über mich? Was ich getan habe und was ich tun werde? Wirklich?

WÄCHTER Ich werde in die Zukunft gehn und sehen, was dein Schicksal ist.

NANNA Ja, geh für mich! Ganz weit …

WÄCHTER … in die Zukunft!

Er schreitet nach rechts davon. Nanna schaut ihm nach, vergewissert sich, daß er weg ist. Sie greift nach dem Krug …

WÄCHTER *ruft* Unglückliche, was hast du getan!

NANNA Warum »getan«? Ich tu's doch erst!

Sie versucht das zu tun, was der Wächter in der Zukunft bereits gesehen hat: Sie nimmt den Krug, hält ihn unter den Wasserstrahl. In diesem Moment ertönt ein Donnerschlag, Blitze zucken, es wird stockdunkel. Im Dunkeln die Stimme des Wächters

WÄCHTER Was für ein Unheil hast du angerichtet. Nun ist die Quelle hier versiegt. Ich hatte dich gewarnt! *Noch ein Donner.*

Als es wieder hell wird, ist die Quelle verschwunden. Nanna liegt auf dem Boden, ohne Krug, verwirrt.

NANNA Die Quelle! Sie ist weg!

1. TIER *taucht auf* Machst du den Donner?

2. TIER *taucht daneben auf* Ist Gewitter!

3. TIER *taucht auf* Oder nicht?

NANNA Nein, das war kein Gewitter. Die Quelle ist weg. Stellt euch vor: Einfach weg! Und ich bin auch noch schuld daran! Warum kann ich niemals auf andere hören. Was soll ich nur machen!

1. TIER Quelle weg.
2. TIER Wegverschwunden!
3. TIER Anderswohin!
NANNA Nein, nicht anderswohin. Er hat gesagt, sie ist versiegt. Ausgetrocknet, versteht ihr.
1. TIER Ausgetrocknet?
2. TIER Eingetrocknet?
3. TIER Ist sie nicht.
1. TIER Nein, ist sie nicht. Das Wasser bleibt nicht unten ...
2. TIER Das muß raus!
3. TIER Kommt anderswo!
NANNA Anderswo? Aber wo denn? Sagt doch!
1. TIER Weiß keiner!
2. TIER Vielleicht im Nachbarwald!
3. TIER Vielleicht viel weiter ...
1. TIER Hilft nur Suchen!
NANNA Suchen, meint ihr? Ja, das mache ich. Aber erst muß ich zurück zu Brauskopf und Elisabeth, die warten schon auf mich. Vielen Dank! Schlaft gut!
1. TIER Du auch!
2. TIER Gähn! *Verschwindet.*
3. TIER Schnuffel! *Verschwindet.*
1. TIER Schnarch! *Verschwindet.*

Dunkel, Musik, Umbau zum letzten Bild.

9. Szene – Vor dem Haus

NANNA *kommt beim Haus an. Ein Tisch mit Tischdecke steht neben dem Eingang* Seltsam, wie sich in der kurzen Zeit alles verändert hat! Dahinten steht ja noch ein Haus! Wer hat das so schnell gebaut? Ist das überhaupt Kulschedras Haus?! *Sie ruft zögernd* Elisabeth, Brauskopf! Seid ihr da drinnen?

Brauskopf *tritt heraus mit einem Kuchen, er wollte gerade den Kaffeetisch decken. Als er Nanna sieht, fällt ihm der Kuchen aus der Hand, auf den Tisch* Nanna??? – Nanna! – Elisabeth, Elisabeth! Nanna ist zurückgekommen! *Er umarmt sie. Elisabeth kommt herausgestürmt, fällt ihr um den Hals.*

Nanna Brauskopf! Elisabeth!

Elisabeth Wo kommst du her?

Nanna *lacht* Dumme Frage! Aus dem Dunkelwald natürlich. Aber sagt mal: Was ist denn mit euch los?!

Brauskopf Mit uns? Was soll denn los sein?

Nanna Ihr seht so seltsam aus, so ... erwachsen ... richtig alt!

Elisabeth Warum sollten wir nicht älter geworden sein? – Ich frag mich allerdings, warum du so jung aussiehst!

Brauskopf Ja, wirklich! Du siehst noch aus wie damals, drum hab ich dich auch gleich erkannt. Wie vor Jahren ...

Nanna Was für Jahre?

Brauskopf Die vielen Jahre, die du weg warst.

Nanna Macht ihr euch lustig über mich? Ich war nicht mal drei Wochen unterwegs!

Elisabeth Drei Wochen? Vor mehr als zwanzig Jahren bist du weggegangen!

Brauskopf Hast nie was von dir hören lassen in der Zwischenzeit!

Nanna Langsam, langsam! Viele Jahre? Oh, dieser Doppelkopf, so lange hat er mich schlafen lassen, dieser hinterlistige Kerl! – Und ihr habt hier die ganze Zeit auf mich gewartet? Mann, das muß ja stinklangweilig gewesen sein!!

Elisabeth *lacht* Nein, war es nicht!

Brauskopf Wirklich nicht! Es hat sich viel geändert. Wir sind ... erzähl du es ihr, Elisabeth!

Elisabeth Wir haben ein Kind!

Nanna Ein was?!?

Elisabeth Eine Tochter, verstehst du nicht? Brauskopf ist der Vater, ich bin die Mutter. Sie heißt Anna. Sie ist jetzt schon groß, sie ...

NANNA Warte, warte, warte! Nicht alles auf einmal, ich muß das erst verdauen. Ihr seid Eltern, ihr?

BRAUSKOPF Ja, sind wir. Sag mal, willst du nicht mit reinkommen? Ich bin gespannt, ob dir dein Zimmer gefällt!

ELISABETH Das haben wir für dich freigehalten, all die Jahre. Und jetzt bist du tatsächlich gekommen!

NANNA Wartet! Nicht so schnell! Wollt ihr denn gar nicht wissen, ob ich das Wasser dabeihabe?

ELISABETH Wasser?

BRAUSKOPF Ach, meinst du das Wasser des Lebens? Hast du es?

NANNA Nein!

ELISABETH Macht nichts. Ich hab sowieso nicht ganz daran geglaubt.

NANNA Aber es gibt das Wasser! Ich hab's gesehn, mit diesen Augen! Ich hab sogar reingefaßt!

ELISABETH Hast du auch davon getrunken? Bist du deshalb so jung?

NANNA Nein. Ich wollte es doch mitnehmen für uns alle. Aber das darf man nicht. Man kann es trinken, nur nicht mitnehmen. Ich hab nicht auf den Wächter dort gehört, da ist die Quelle verschwunden. Versiegt, versteht ihr, weg!

BRAUSKOPF Dann gibt es sie nicht mehr?

NANNA Doch, wir müssen sie nur finden. Am besten, wir brechen morgen ganz früh auf und gehn erst mal zum Nachbarwald.

BRAUSKOPF Wir?

ELISABETH Du meinst, wir sollen mit dir gehn?

NANNA Mann, seid ihr schon verkalkt, begreift ihr nicht? Ich kann euch das Wasser nicht nachtragen. Wir müssen es an der Quelle trinken, alle drei. Und weil wir nicht wissen, wo die Quelle ist …

ELISABETH *versucht, ihren Redefluß zu bremsen* Nanna …

NANNA … müssen wir sie suchen …

ELISABETH Nanna, wir gehn nicht mit!

NANNA Und weil wir sie suchen müssen … Was sagst du?

BRAUSKOPF Wir bleiben hier!

NANNA Hier? Das geht doch nicht!

ELISABETH Doch. Wir wollen hierbleiben, Brauskopf und ich.

BRAUSKOPF Das Wasser ist nicht mehr wichtig für uns.

NANNA Nicht wichtig! Wollt ihr noch älter werden, was? Das ist nicht euer Ernst! Brauskopf, denk doch daran, was du gesagt hast: Wir werden sehn, wie die Welt in hundertfünfzig Jahren aussieht! – Bald kriegt ihr Gicht und Rheuma und geht am Stock. Gefällt euch das?!

ELISABETH Es ist nicht schlimm, älter zu werden, wenn man gemeinsam alt wird. Bleib einfach bei uns. Wozu das Suchen, du wirst das Wasser doch nicht finden!

BRAUSKOPF Ja, bleib hier. Wenigstens so lange, bis die Äpfel im Garten reif sind …

ELISABETH Es ist schön hier, du wirst sehen … Auch im Winter, wenn der Schnee draußen bis ans Fensterbrett geht und drinnen der Ofen prasselt!

Nanna schüttelt den Kopf, versucht die beiden zu unterbrechen.

BRAUSKOPF Du wirst auch Anna mögen, das weiß ich. Sie ist wie du.

NANNA Elisabeth, Brauskopf! Ich kann nicht bleiben, ich käme um vor Langeweile. Immer am selben Fleck, igitt! Wenn ihr nicht mitkommt, zieh ich allein los. Ich suche nach dem Wasser, so lange, bis ich's gefunden habe. Ich hab keine Angst, das wißt ihr!

ELISABETH Bist du jetzt enttäuscht von uns? Du bist traurig!

NANNA Ach was! – Wenn ich gleich losgehe, schaffe ich noch heute den Weg bis zum Waldrand. – Wollt ihr nicht doch mitkommen?! Dann warte ich auch bis morgen, damit ihr packen könnt!

BRAUSKOPF Nein, Nanna.

ELISABETH Und du? Bist du ganz sicher, daß du nicht bleiben willst?

NANNA Ganz sicher. – Ich geh dann besser gleich! – Leb wohl, Elisabeth. Leb wohl, Brauskopf!

Sie umarmen sich, Elisabeth und Brauskopf gehen ins Haus, Elisabeth zielstrebig, Brauskopf zögernd, bleibt vor der Tür noch einmal stehen.

NANNA *ruft ihnen nach* Ich komm euch besuchen, wenn ich das Wasser gefunden habe.
BRAUSKOPF *dreht sich auf der Schwelle noch einmal um* Das wäre schön, sehr schön.
NANNA Kann aber noch lange dauern!
BRAUSKOPF Ich bin dann schon ein Opa und hab noch mehr graue Haare. Und du bist kaum älter als jetzt ...
NANNA Vielleicht! – Auf Wiedersehen also! – Warte! Warte noch!
BRAUSKOPF Ja?
NANNA Wohin soll ich wohl gehn, in welche Richtung?
BRAUSKOPF Nach Süden!
NANNA Immer nach Süden! *Sie geht los.*
BRAUSKOPF *lacht, schüttelt den Kopf, will sie korrigieren* Dort ist Norden!
NANNA Auch gut: Immer nach Norden!

Sie geht nach Norden ab, Brauskopf schließt die Tür. Als der Zuschauer schon glaubt, das Stück sei damit zu Ende, wird ein Fenster geöffnet, Anna schwingt sich heraus, zieht Elisabeths alte Flickendecke nach, zu einem Bündel gepackt. Sie läuft hinter Nanna her.

Die Schauspielerin der Elisabeth hatte während des Nanna-Brauskopf-Dialogs wenigstens ein bißchen Zeit, sich in die jugendliche Anna zu verwandeln, die natürlich aussieht wie ihre Mutter in jungen Jahren.

ANNA Nanna, warte! Nanna!
NANNA *völlig verblüfft und durcheinander* Elisabeth! Elisabeth? Nein ... wer ... bist du?

ANNA Anna, ich bin Anna.
NANNA Anna!
ANNA Und du bist Tante Nanna, ja?
NANNA Tante? Seh ich aus wie eine Tante?!
ANNA Meine Mutter hat mir eben immer von »Tante Nanna« erzählt, mit der sie durch die Welt gezogen ist.
NANNA Wo hast du diese Decke her? Was willst du damit?
ANNA Die hab ich auf dem Dachboden gefunden, da hatte Mutter sie versteckt. Darf ich mit dir gehn?
NANNA Mit mir? Wohin?
ANNA Na, das Wasser des Lebens suchen!
NANNA Das geht nicht.
ANNA Warum nicht? Nanna, sei doch nicht so stur! Nimm mich mit!
NANNA Du weißt wohl nicht, was auf uns zukommt: Wir müssen im Freien schlafen, auf dem blanken Boden!
ANNA Ich mag es, wenn ich die Sterne über mir sehe.
NANNA Es wird kalt im Winter!
ANNA Wozu hab ich die Decke?!
NANNA Vielleicht finden wir die Quelle gar nicht!
ANNA Wo ist der Unterschied, ob du sie allein nicht findest oder mit mir. Jetzt nimm mich endlich mit, Nanna. Oder soll ich alleine gehn?
NANNA Du wirst dich hüten, das ist gefährlich!
ANNA Jetzt redest du wie meine Mutter. Oder wie eine Tante.
NANNA *lacht* So alt bin ich wirklich noch nicht! Also gut, komm mit, bevor du alleine gehst. Hast du denn Brauskopf und Elisabeth erzählt, daß du sie verläßt?
ANNA Ich hab's ihnen geschrieben, einen Zettel hingelegt. Sie verstehn das. Los, wir gehen, sonst wird's dunkel!
NANNA Aber heul mir später nicht die Ohren voll, wenn's uns mal dreckig geht!
ANNA Nie!
NANNA Wir gehn erst mal zum nächsten Wald ...
ANNA Und dann?

NANNA Na, zum übernächsten.
ANNA Bis wir das Wasser finden!
NANNA Genau!

Sie legen den Arm umeinander, gehen singend ab. Ihr Gesang wird leiser, verklingt in der Ferne; die letzten beiden Zeilen könnten von der Musik aufgenommen und noch einige Male wiederholt werden.

NANNA UND ANNA *singen*

Wir gehn zum nächsten Wald,
von dort zum nächsten bald.
Wir wissen, die Suche,
die ist nicht vergebens.
Wir finden und trinken,
wir finden, wir trinken,
das Wasser des Lebens.
Das Wasser des Lebens...
das Wasser des Lebens ...
Wasser des Lebens ...

EINE WOCHE
VOLLER
SAMS=
TAGE

Paul Maar

Eine Woche voller Samstage

Nach dem gleichnamigen Kinderbuch

Personen

1. Der Erzähler
2. Das Sams
3. Herr Taschenbier
4. Frau Rotkohl
5. Verkäufer (Schüler / Mann 1 in der Menge / Eisbär)
6. Verkäuferin (Schülerin / Frau in der Menge)
7. Herr Groll (Kunde im Kaufhaus)
8. Herr Oberstein (Abteilungsleiter im Kaufhaus / Schulrektor / Mann 2 in der Menge)

(Falls das Sams von einer Frau gespielt wird, also: 3 Damen, 5 Herren)

Es ließ sich nicht umgehen, daß alle Nebenfiguren mehrere Rollen spielen. Größeren Theatern mit mehr Schauspielern bleibt es unbenommen, für jede Rolle einen Schauspieler (eine Schauspielerin) einzusetzen. Man könnte darüber hinaus noch zusätzliche Schauspieler und Statisten in den Szenen einsetzen, wo eigentlich viele Menschen auf der Bühne sein sollten, etwa bei der Menschenmenge im ersten Bild (die hier nur aus fünf Personen besteht), im Kaufhaus (wo durchaus mehr Kunden einkaufen könnten) und, als Schüler, im Klassenzimmer. Problematisch könnte eventuell die Doppelbesetzung Oberstein / Abteilungsleiter werden, da die Büroszene unmittelbar auf die Kaufhausszene folgt und dem Schauspieler kaum Zeit für Kostümwechsel und Maske bleibt!

Zu den Personen

Am schwierigsten wird die Figur des *Sams* auf die Bühne zu bringen sein. *Das Sams* wird im Kinderbuch gleichen Titels beschrieben als kindgroßes, quirliges, geschlechtsloses Wesen mit Trommelbauch, roten Borstenhaaren, einer Rüsselnase und einem

Gesicht voller blauer (Wunsch-)Punkte.
Es wird wohl am besten von einer körperlich kleinen Schauspielerin gespielt, die – aus Gründen der Ausdrucksfähigkeit – keine Ganzmaske tragen sollte. Vielleicht braucht das Sams auf der Bühne nicht einmal eine Rüsselnase. Man könnte z.B. die Nase dadurch verfremden, daß man sie kreisförmig bemalt.
Wichtiger als falsche Haare und Nase sind die Quirligkeit, die Naivität, das Alles-wörtlich-Nehmen der Figur.
Das Sams könnte zu Beginn ein grünes Trikot mit ausgestopftem Trommelbauch tragen. Nach dem Kaufhaus-Bild hat es immer seinen Taucheranzug (mit Flossen) an.
Das Sams hat am Anfang etwa 20 blaue Punkte im Gesicht (aufgemalt oder aufgeklebt), mit jeder Szene müßten es weniger Punkte werden.
Herr Taschenbier ist ein sehr angepaßter Büroangestellter, der aber im Verlauf des Stücks eine Entwicklung durchmacht: In dem Maß, in dem ihm das Sams vorführt, daß alle Respektspersonen, vor denen Herr Taschenbier Angst hat (Chefs, Abteilungsleiter, Rektoren, Hausbesitzer), höchst normale Menschen mit Schwächen sind, zuweilen sogar recht lächerlichen, wächst Herrn Taschenbiers Selbstvertrauen.
Damit der Schauspieler des Taschenbier dieses wachsende Selbstgefühl darstellen kann, ist es wichtig, daß er ihn zu Beginn als extrem ängstlich, schüchtern und angepaßt charakterisiert.
Der Erzähler könnte ganz schwarz gekleidet sein, mit Zylinder oder Melone auf dem Kopf. (Er kann sogar ein bißchen an Pan Tau erinnern.) Er hat etwas von einem Zauberer an sich, hat alle Fäden in der Hand, kennt die Geschichte im voraus, agiert also auf einer zweiten Ebene, kann aber die Grenze überschreiten, kann manchmal die Figuren durch Ziehen des Zylinders begrüßen, auch mal neugierig in der Menge stehen, die das Sams betrachtet, kann sogar mal eine Figur ansprechen, das Geschehene kommentieren.
Frau Rotkohl ist Besitzerin eines Einfamilienhauses in Süddeutschland und sieht auch so aus.
Die Schauspieler, die *mehrere Rollen* spielen, sollten versuchen,

ihre Figuren nicht nur durch Körperduktus und Stimme voneinander abzusetzen, sondern auch durch Kostüm, Brille, Frisur, Perücke, Bart.

Bühnenbild

Es gibt insgesamt 5 verschiedene Schauplätze:
1. Im Freien
2. Taschenbiers Zimmer
3. Kaufhaus
4. Büro
5. Klassenzimmer

Die Szenenbeschreibung hier im Buch geht von folgender Bühnenbildkonzeption aus: Die Bühne ist zweigeteilt. Links das Zimmer Taschenbiers. Rechts das Kaufhaus (später das Büro, das Klassenzimmer).
Davor ist quer über die Bühne ein Zwischenvorhang gespannt. Wird er auf der linken Seite bis zur Bühnenmitte aufgezogen, sieht man das Taschenbiersche Zimmer und einen kleinen Teil des danebenliegenden Flurs. Wird der Vorhang auf der rechten Seite aufgezogen, sieht man ins Kaufhaus.
Alle Szenen im *Freien* werden vor dem neutralen Zwischenvorhang gespielt, ganz egal, ob Straße, Wald, Vorgarten oder Bürgersteig gemeint ist.
Dieser Bühnenbildvorschlag ist selbstverständlich nicht verbindlich. Je nach Bühnenbedingungen wird man andere, vielleicht bessere Lösungen finden.
Falls das Stück eine *Pause* haben soll, wird man die am besten zwischen Bürobild und Schulbild legen. Das ist einmal von der zeitlichen Verteilung her vorteilhaft, zum andern wegen des großen Umbaus Büro / Klassenzimmer, der dann in der Pause stattfinden könnte.
Der Erzähler kann ja die Pause ansagen.

1 A. Straße – Vor dem Zwischenvorhang

Der Erzähler schiebt eine fahrbare Wand auf die Bühnenmitte, die Kalenderwand. Hinter dieser Wand gelangt die »Menschenmenge« mit dem Sams ungesehen auf die Bühne.
In der Mitte der Wand hängt ein überdimensionaler Kalender, mit Metallbügeln oben, dessen Kalenderblätter sich nach hinten, über die Wand, umklappen lassen. Vorerst ist der Kalender aber noch nicht als solcher zu erkennen: Das erste Blatt zeigt den vergrößerten Umschlag des Buches »Eine Woche voller Samstage«.

ERZÄHLER Es ist Samstag morgen. In seinem Zimmer sitzt Herr Taschenbier und wartet.
Er öffnet den Zwischenvorhang. Dahinter ist Herrn Taschenbiers Zimmer zu sehen. Taschenbier sitzt stumm auf einem Stuhl und wartet, wippt mit dem Fuß, trommelt nervös auf seine Knie.
Das ist er!
Worauf Herr Taschenbier wartet? Das weiß er selber nicht genau. Warum er wartet? Das kann ich euch erzählen. Allerdings muß ich da mit dem Sonntag beginnen.
Er schlägt das Titelbild nach hinten um. Das erste Kalenderblatt wird sichtbar: Sonntag, 10. Mai.
Am Sonntag schien den ganzen Tag die Sonne.
Am nächsten Tag ... *Er schlägt das Kalenderblatt um: Montag, 11. Mai,* ... am Montag bekam Herr Taschenbier Besuch. Und zwar von Herrn Mon, einem alten Schulfreund.
Am Dienstag *Er schlägt das nächste Kalenderblatt auf*, am Dienstag hatte Herr Taschenbier wie immer Dienst. – Er arbeitet übrigens im Büro.

Hinter dem Erzähler ist Frau Rotkohl in Taschenbiers Zimmer gekommen, mit Putzeimer, Lappen und Besen bewaffnet.

ROTKOHL Guten Morgen, Taschenbier. Sie wissen: Heute ist Putztag!

TASCHENBIER *zögernd* Jaja … Guten Morgen …

Sie beginnt, das Zimmer auszufegen. Herr Taschenbier zieht ängstlich seine Füße ganz unter den Stuhl zurück.

ERZÄHLER *schlägt unbeirrt das nächste Kalenderblatt auf: Mittwoch, 13. Mai.*
Am Mittwoch war Mitte der Woche, wie immer.
Am Donnerstag … *Er schlägt den Donnerstag auf. Hinter ihm fährt Frau Rotkohl mit dem Besen auf Herrn Taschenbiers Stuhl los. Dabei*

ROTKOHL Füße hoch!

TASCHENBIER *stellt die Füße auf den Sitz, sie kehrt unter dem Stuhl.* Können Sie nicht, bitte, mein Zimmer etwas später saubermachen?

ROTKOHL Gehn Sie doch spazieren, wenn es Ihnen nicht paßt!

Herr Taschenbier erhebt sich zögernd.

ERZÄHLER Am Donnerstag … Moment, Herr Taschenbier hat wohl mal wieder Ärger mit Frau Rotkohl, seiner Vermieterin.

ROTKOHL *gleichzeitig, zu Taschenbier* Wo wollen Sie denn hin?

TASCHENBIER Na, spazierengehn!

ROTKOHL Das sieht Ihnen ähnlich: Am hellen Tag spazierengehn, wenn andre Leute arbeiten müssen!

ERZÄHLER Am Donnerstag also …

TASCHENBIER Sie haben doch selbst gesagt, ich soll spazierengehn.

ROTKOHL Sollen Sie auch, Sie Stubenhocker! Sie sind schon ganz bleich, weil Sie den ganzen Tag immer nur im Zimmer hocken. Gehn Sie nur, gehn Sie nur!

ERZÄHLER *ärgerlich* Wie soll ich da erzählen, was für eine seltsame Woche Herr Taschenbier erlebt hat! *Entnervt zieht er den Vorhang wieder zu. Schlagartig verstummt der Dialog im Zimmer.*

ERZÄHLER Am Donnerstag also kam ein Gewitter, es hat den ganzen Tag gedonnert.

Er blättert um zum Freitag, 15. Mai.
Am Freitag bekam Herr Taschenbier frei. Herr Oberstein, sein Chef, hatte mal wieder den Schreibtischschlüssel so gut versteckt, daß er ihn nicht wiederfinden konnte.
Feierlich schlägt er das letzte Blatt auf: Samstag.
Und am Samstag … Nun, heute ist Samstag!
Schnell schiebt er die Kalenderwand von der Bühne, wie durch Zauberei wird dahinter die Menschenmenge sichtbar. Das Sams sitzt, noch von den Menschen verdeckt, auf dem Boden. Alle starren erstaunt nach unten, wenden dem Publikum den Rücken zu.

MANN 1 He, kommt doch mal! Schaut mal, was da Seltsames sitzt! So was Komisches!

Der Erzähler kommt neugierig zurück, ohne die Wand, stellt sich dazu, guckt. Von der anderen Seite naht Herr Taschenbier. Er versucht, einen Blick auf das Sams zu erhaschen, aber die Leute stehen zu dicht. Bescheiden, wenn auch neugierig, bleibt er dahinter stehn.

FRAU Das scheint so eine Art Schwein zu sein!
MANN 1 Meinen Sie? Ich finde, es sieht eher wie ein Affe aus.
TASCHENBIER Ach, ist da ein Tier?
GROLL *wendet sich um zu Herrn Taschenbier, der hinter ihm steht. Unwillig* Unsinn, das ist kein Tier!
MANN 2 Ja, Sie sollten sich schämen, sich so über ein Kind lustig zu machen. Sie als erwachsene Menschen! Nennen es Affe und Schwein, und das Kind sitzt dabei und muß es hören!
TASCHENBIER Ein Kind?
GROLL Unsinn, das ist auch kein Kind. Sehn Sie doch selbst!
TASCHENBIER Ich seh ja nichts!
SAMS *im Singsang* Der Mann, der spricht nur Unsinn,
weil ich gar kein Kind bin.
Ich bin kein Kindchen, nein,
und will auch keines sein!

Als das Sams anfängt zu reden, weichen alle überrascht ein paar Schritte zurück. Jetzt erst sehen die Zuschauer das Sams, ebenso Herr Taschenbier.

FRAU Das ist kein Tier, soviel steht fest, sonst könnte es nicht reden.

GROLL Ein Kind ist es jedenfalls auch nicht!

MANN 1 Aber was dann? Vielleicht kommt es vom Mars, mit seinen blauen Punkten im Gesicht. Ein Marsmensch!

GROLL Das Lebewesen hier kommt nicht vom Mars, das können Sie mir glauben. Ich kenne mich aus. *Zu Taschenbier* Ich bin nämlich Studienrat. Studienrat Groll.

SAMS *im Singsang* Studienrat, Studienrat,
hat den ganzen Kopf voll Draht.
Studienrat Groll
hat den Kopf mit Draht voll.

GROLL Hör mit diesem albernen Gesinge auf! Sag uns lieber, wer du bist!

MANN 1 Und wie du heißt!

FRAU Genau!

SAMS Keiner weiß, wie ich heiß.
Furchtbar dumm steht ihr rum.
Keiner weiß, wie ich heiß …

TASCHENBIER Doch! Ich weiß es vielleicht.

GROLL Sie?

FRAU Wie denn?

MANN 1 Sagen Sie's schon!

TASCHENBIER Meine letzte Woche war nämlich ziemlich seltsam. Das kann eigentlich kein Zufall sein …

MANN 2 Was faselt er da?

TASCHENBIER Am Sonntag Sonne, am Montag Herr Mon, am Dienstag Dienst, am Mittwoch Mitte der Woche, am Donnerstag hat es gedonnert, am Freitag hatte ich frei.
Und heute ist Samstag!

MANN 1 Na und?

TASCHENBIER Am Samstag: Sams! *Zum Sams* Du bist bestimmt ein Sams!

SAMS *verblüfft* Wie hast du das herausgefunden? Woher weißt du, daß ich ein Sams bin?

TASCHENBIER *stolz und verlegen zugleich* Ach, man muß halt nur logisch denken können.

SAMS *erhebt sich, faßt Herrn Taschenbiers Hand* Ja, mein Papa kann logisch denken. Ihr nicht. Ihr seid alle dumm!

GROLL *ärgerlich* Sie hätten ja gleich sagen können, daß das Ihr Kind ist! Unverschämtheit! *Er entfernt sich schimpfend.*

TASCHENBIER Ja ..., aber ...

MANN 2 Das ist die heutige Erziehung! Das Kind beleidigt anständige Leute, und der Vater steht dabei und freut sich noch! *Auch er geht.*

TASCHENBIER Aber ...

MANN 1 Lassen wir ihn allein mit seinem frechen Balg!

FRAU *im Weggehen* Der arme Vater! Ein Kind mit so einer Nase!

Alle sind weg. Herr Taschenbier steht da, mit einem Sams an der Hand; versucht, seine Hand aus der des Sams zu befreien.

TASCHENBIER Warum sagst du immer »Papa« zu mir? Was soll das?

SAMS Wieso? *Faßt wieder Taschenbiers Hand* Du bist doch jetzt mein Papa!

TASCHENBIER Ich? Was ... was redest du da?

SAMS Aber das ist doch immer so bei Samsen: Wenn einer errät, daß man ein Sams ist, gehört ihm das Sams. Dann muß er das Sams bei sich wohnen lassen und ihm zu essen geben.

TASCHENBIER Wohnen lassen? Unmöglich! Was würde da Frau Rotkohl sagen? Außerdem weiß ich gar nicht, was Samse essen.

SAMS Alles, Papa, alles! *Schon frißt es ihm den Kragen von der Jacke oder doch wenigstens die Krawatte weg.*

TASCHENBIER Hörst du auf, an meiner Jacke (meiner Krawatte) herumzuknabbern!

SAMS Stoff schmeckt aber gut!

TASCHENBIER Ist mir egal. Ich will nicht, daß du meine Sachen auffrißt!

SAMS Willst du das, oder wünschst du das?

TASCHENBIER Ich will das!

SAMS Ach so! *Es zieht ungerührt Taschenbiers Taschentuch aus der Jackentasche, läßt es im Mund verschwinden* Mmmm! Stoff schmeckt sehr zart!

TASCHENBIER Halt! Dann ... dann wünsche ich es eben!

SAMS Ach, du wünschst es, Papa! Hier, bitte! *Es gibt ihm das angefressene Taschentuch sofort zurück.*

TASCHENBIER Was soll ich nur machen? Wie werde ich dich wieder los?

SAMS Wir gehen jetzt zusammen heim. Ich bin müde, ich will ins Bett.

TASCHENBIER Unmöglich! Wenn ... wenn dich Frau Rotkohl erwischt, wirft sie uns beide raus.

SAMS Wenn du mich nicht mitnimmst, stell ich mich vors Haus und schrei so lange und so laut, bis die olle Rosenkohl herauskommt. Dann sag ich: Du bist mein Papa und läßt mich nicht hinein!

TASCHENBIER Nein, um Himmels willen, das kannst du doch nicht ... das ... also, ich will sehen, wie ich dich in mein Zimmer schmuggeln kann. Komm mit. Aber vorsichtig!

SAMS Fein, Papa. Schön!

TASCHENBIER Sehr vorsichtig!

Sie schleichen von der Bühne. Von der anderen Seite kommt der Erzähler.

ERZÄHLER Ja, und jetzt muß sich Herr Taschenbier überlegen, wie er das Sams unbemerkt an Frau Rotkohl vorbei in sein Zimmer schmuggeln kann. Gar nicht so leicht! Das Sams ist schließlich recht groß. Er kann es ja nicht einfach unter seine Jacke stecken. Fast unmöglich! Aber vielleicht fällt Herrn Taschenbier doch etwas ein. Mal sehen!

Er öffnet den Zwischenvorhang links.
Man sieht das Zimmer Taschenbiers, die Tür links und ein Stückchen Flur mit einem Schrank außerhalb des Zimmers.

1. Taschenbiers Zimmer

Die Zimmertür steht offen, Herr Taschenbier schafft einen großen Karton – Waschmaschinenkarton, Kühlschrankkarton – durch den Flur in sein Zimmer. Im Karton steckt – nicht sichtbar – das Sams. Die Unterseite des Kartons wurde entfernt, so daß das Sams mit dem Karton laufen kann. Frau Rotkohl kommt dazu.

ROTKOHL Na, das war ja ein recht langer Spaziergang! Denken Sie nur nicht, daß Sie jetzt noch ein Mittagessen bekommen wie üblich. Ich stehe doch nicht den ganzen Vormittag in der Küche und warte, bis es Herrn Flaschenbier endlich einfällt zurückzukommen!

TASCHENBIER *verbessert* Taschenbier!

ROTKOHL Wie sehen Sie überhaupt aus? Was haben Sie denn mit Ihrem Jackenkragen (Ihrer Krawatte) gemacht? Und was schleppen Sie da herein?

TASCHENBIER Das ist ein Karton.

ROTKOHL Das sehe ich.

TASCHENBIER Könnten Sie, bitte, mal ein bißchen zur Seite treten?

ROTKOHL Auch das noch!

Der Karton wandert selbständig in Richtung Zimmermitte, Herr Taschenbier versucht, es vor Frau Rotkohl zu verbergen.

ROTKOHL Ist das ein Kühlschrank, oder was?

TASCHENBIER Nein ... das ist ... ist ...

Der Karton wandert wieder ein Stück. Herr Taschenbier versucht verzweifelt, Frau Rotkohl die Sicht zu versperren.

TASCHENBIER Das ist … also … ist … ist …
ROTKOHL Ist Ihnen nicht gut? Was haben Sie?
SAMS *singt im Karton* Frau Rosenkohl ist innen hohl,
Frau Rosenkohl ist innen hohl …
ROTKOHL Was war das? Waren Sie das?
TASCHENBIER Nein, nein! *Er klopft auf den Karton, um das Sams abzustellen. Das mißversteht das und wandert zielstrebig ins Zimmer. Herr Taschenbier eilt hinterher; spielt, er würde den Karton tragen.*
ROTKOHL Aber ich habe doch etwas gehört!
TASCHENBIER Das war der Lautsprecher! Ich … das ist ein Lautsprecher … Ich hab mir einen Lautsprecher angeschafft. *Er deutet erklärend auf den Karton.*
ROTKOHL Ach so. Lautsprecher, na ja. Aber nicht zu laut stellen! Und keine Musik nach 22 Uhr!
TASCHENBIER Ja, Frau Rotkohl, selbstverständlich.

Er schließt die Tür mit dem Fuß, hebt den Karton vom Sams. Das schaut sich um, begeistert

SAMS Ist das jetzt mein Zimmer? Fein!
Singt Ein schönes Zimmer
gefällt mir immer.
Ein schönes Bett
ist immer nett!
Es wirft sich begeistert aufs Bett, hopst.
TASCHENBIER Pssst! Sei doch leise! Frau Rotkohl hört dich sonst!
SAMS Ach, die olle Rosenkohl.
Singt Frau Rosenkohl ist innen hohl …
ROTKOHL *von außen* Haben Sie gerufen, Herr Taschenbier?
TASCHENBIER Nein, nein! *Zum Sams* Sei sofort still!

Er stülpt die Bettdecke über das Sams. Das singt ungerührt unter der Decke weiter

Sams Das Sams ist still, das Sams ist still,
weil sein Papa es so will.
Das Sams ist still …

Taschenbier Ich wünsche, daß du still bist!

Sofort hört es auf zu singen.

Taschenbier Gott sei Dank! Na endlich. Es scheint eingeschlafen zu sein. *Er setzt sich auf die Bettkante, ratlos* Was mache ich jetzt nur? – Ich wünschte, ich hätte ein schönes Mittagessen, dann ließe sich das Ganze besser aushalten.

Sams Du wünschst dir ein Mittagessen, Papa? Was wünschst du dir denn?

Taschenbier Nun ja, Hähnchen mit Kartoffeln zum Beispiel. Und zum Nachtisch Himbeereis.

Sams Alles klar, Papa!

Es klopft an die Tür. Taschenbier zieht schnell wieder die Decke über das Sams.

Taschenbier Herein!

Rotkohl Weil Sie heute nicht in der Küche gegessen haben, bringe ich Ihnen das Essen ausnahmsweise ins Zimmer.

Taschenbier Das Essen? Ins Zimmer? So was! Was gibt es denn?

Rotkohl Heute gibt es Hähnchen mit Kartoffeln und zum Nachtisch Himbeereis. Ich wünsche guten Appetit!

Sie drückt ihm das Tablett in die Hand und geht. Fassungslos schaut er auf das Essen und hinter Frau Rotkohl her.
Schnell schließt der Erzähler den Vorhang vor dem verblüfften Herrn Taschenbier.

2 A. Vor dem Zwischenvorhang

Erzähler Das war der Samstag!
Am nächsten Tag, am Sonntag, wird Frau Rotkohl davon wach, daß jemand im Zimmer von Herrn Taschenbier laut singt.

Noch bei geschlossenem Vorhang hört man das Sams singen

Sams Schlaf, Papa, schlaf!
Die Rotkohl ist ein Schaf.
Das Sams, das schüttelt's Bäumelein,
da fällt herab ein Zentnerschwein.
Schlaf, Papa, schlaf!

Der Erzähler öffnet den Vorhang. Man sieht in Taschenbiers Zimmer. Herr Taschenbier zieht sich gerade an, er ist fast fertig. Das Sams sitzt auf dem Bett und singt.

2. Taschenbiers Zimmer

Sams *singt* Das Sams, das schüttelt's Ofenrohr,
da kriecht ein Elefant hervor …
Taschenbier Pssst! Ruhe bitte! Sei doch leise!

Der Erzähler, der gerade den Vorhang aufzieht, bezieht das auf sich, nickt stumm, zieht den Vorhang ganz leise und vorsichtig zu Ende auf, schleicht auf Zehenspitzen davon.

Sams Warum leise?
Taschenbier Gleich kommt Frau Rotkohl und kündigt mir!
Sams Kann sie gar nicht. Ich hab nämlich die Tür abgeschlossen!
Singt Das Sams, das schüttelt's Vogelhaus,
da fällt Frau Rosenkohl heraus …
Rotkohl *im Morgenmantel, klopft* Unerhört! Was soll der Lärm

am Sonntagmorgen, Herr Flaschenbier!

TASCHENBIER *verbessert* Taschenbier.

SAMS *mit verstellter Stimme, versucht Taschenbier zu imitieren* Das war kein Lärm, das war Gesang!

ROTKOHL Was sagen Sie? Warum sprechen Sie so seltsam? Sind Sie heiser? *Sie rüttelt an der Tür* Schließen Sie gefälligst die Tür auf, ja?

SAMS Nein!

ROTKOHL Nein? Wieso nein?

SAMS Die Tür bleibt gefälligst zu.

ROTKOHL Sie sind ja betrunken!

SAMS Selber betrunken, selber betrunken!

TASCHENBIER *verzweifelt. Er hat die ganze Zeit versucht, das Sams am Reden zu hindern. Das Sams ist auf den Tisch gestiegen.* Sei doch endlich leise! Komm da runter! *Laut* Entschuldigen Sie bitte, Frau Rotkohl …

SAMS Frau Blaukohl … Frau Grünkohl …

ROTKOHL Das ist der Gipfel! Glauben Sie nur nicht, daß Sie jemals wieder ein Essen von mir bekommen. Nie! *Sie geht weg* Niemals!

SAMS *lauscht an der Tür* Sie ist weg! Na, Papa, der haben wir's aber gegeben!

TASCHENBIER Gegeben, gegeben! Bestimmt kündigt sie mir morgen.

SAMS Du hast viel zuviel Angst, Papa. Wenn sie dir heute nicht gekündigt hat, tut sie das morgen auch nicht. *Es schnüffelt dabei am Papierkorb.*

TASCHENBIER He, was machst du denn da?

SAMS Ich frühstücke.

TASCHENBIER Das ist der Papierkorb. Den kannst du nicht essen!

SAMS Doch, Papa, schau her! Mmmm! Das ist kein Korb. Und aus Papier ist er auch nicht.

TASCHENBIER Hör auf, am Papierkorb zu knabbern!

SAMS Schmeckt gut. Ist Karton. Der Stuhl sieht auch lecker aus. Ist aus Holz.

TASCHENBIER Ich wünsche, daß du nichts aus meinem Zimmer auffrißt!

SAMS Na gut, wenn du es wünschst. *Es setzt sich brav auf den Stuhl* Was machen wir eigentlich heute den ganzen Tag?

TASCHENBIER Heute? Wir könnten einen Ausflug machen ...

SAMS Ausfliegen? Fein, Papa, wir fliegen.
Singt Segelflugzeug, Düsenjäger,
Zeppelin und Freiballon,
Mondrakete, Doppeldecker,
wartet nur, wir kommen schon!

Frau Rotkohl, inzwischen angezogen, schleicht zu Herrn Taschenbiers Zimmer und lauscht. Um unauffällig lauschen zu können, beginnt sie, mit einem Staublappen den Türrahmen von Taschenbiers Zimmer abzustauben, dann – auf einem Stuhl oder einer kleinen Leiter stehend – den Schrank im Flur.

TASCHENBIER Du sollst doch leise sein! Außerdem fliegen wir nicht, wir gehen zu Fuß.

SAMS Du hast gesagt, wir fliegen aus!

TASCHENBIER Ich habe gesagt, wir machen einen Ausflug. Das ist was anderes. Wir gehen zusammen in den Wald. *Er schließt die Tür auf, lauscht, bevor er sie öffnet* Pssst! Ganz leise jetzt! Sonst hört uns Frau Rotkohl.

SAMS Hast du wirklich Angst vor der?

TASCHENBIER Die hat halt immer was zu meckern. Ich kann machen, was ich will. – Manchmal wünsche ich, sie säße auf irgendeinem Schrank und käme nicht mehr herunter.

SAMS *lacht* Was wünschst du dir, Papa? Die Rotkohl soll auf einem Schrank sitzen?

TASCHENBIER Ja, genau. Und soll nicht mehr herunterkommen.

Draußen fällt in diesem Augenblick der Stuhl (die Leiter) um, auf dem (auf der) Frau Rotkohl stand. Sie kann sich gerade noch auf den Schrank retten, sitzt da oben.

Sams Sehr schöner Wunsch, Papa!

Taschenbier Pssst! *Er schleicht sich aus der Tür, guckt sich um, aber schaut natürlich nicht nach oben, auf den Schrank. Als er schon fast am Schrank vorbeigeschlichen ist*

Rotkohl *kläglich* Herr ... Herr Taschenbier!

Taschenbier *erschrickt* Was machen Sie denn auf dem Schrank, Frau Rotkohl?

Rotkohl Der Stuhl (die Leiter) ist umgefallen. Fragen Sie nicht soviel. Helfen Sie mir lieber hinunter!

Taschenbier Natürlich! *Er hebt sie vom Schrank; hinter ihnen rennt das Sams schnell aus dem Zimmer.*

Rotkohl Was war das?

Taschenbier *schnell* Wiedersehn, Frau Rotkohl!

Rotkohl Da ist doch eben etwas aus Ihrem Zimmer gerannt!

Taschenbier *verschwindet schnell* Und schönen Sonntag noch!

Rotkohl Gehn Sie nur, gehn Sie! Ich werde es schon herausfinden. Verlassen Sie sich darauf!

Der Erzähler schließt schnell den Vorhang, verschwindet hinter dem Vorhang.

3 A. Waldrand – Vor dem Zwischenvorhang

Sams *kommt von rechts, mit einem Zweig in der Hand* He, Papa, wo bleibst du so lange? Schau mal die vielen schönen dicken Äste da vorne! Sind aus Holz. Darf man die essen?

Taschenbier *kommt nach* Hier darfst du alles essen, was du willst. Geh ruhig voraus in den Wald!

Sams Und du?

Taschenbier Ich? Ich ... bin müde. Ich setz mich hier ein bißchen hin. Ich komme nach ... später! Iß dich nur satt!

Sams Zweige schmecken gut. Wie Knabberstangen.

Es geht singend ab Knabberstangen,
Klapperschlangen,
Blumenvasen,
Teppichrasen,
Möbelbeine,
Mauersteine,
Jackenkragen,
Kinderwagen,
Taschentuch und Hut
schmecken mir so gut!

TASCHENBIER *schaut ihm nach* So geht das nicht weiter! Ich kann dieses Sams doch nicht ewig behalten. Es ist mir einfach zu laut und zu frech. Sagt ständig »Papa« zu mir! Was sollen die Leute von mir denken!
Er zögert Manchmal ist es ja richtig witzig. Trotzdem!
Frau Rotkohl wirft mich aus dem Zimmer, wenn das so weitergeht. – Hm.
Es kann schon recht nett sein. Trotzdem! Was würde mein Chef sagen, wenn er das Sams bei mir sieht! Nicht auszudenken! Nein, so leid es mir tut: Ich muß das Sams loswerden, es hier allein lassen. Es wird ihm schon nichts passieren im Wald. Es ist ja nicht ängstlich. *Er schleicht auf Zehenspitzen nach rechts weg* Weniger ängstlich als ich!

Der Erzähler kommt von links, schaut ihm kopfschüttelnd nach

ERZÄHLER Am Abend kommt Herr Taschenbier endlich zu Hause an. Müde und mit furchtbar schlechtem Gewissen. Er fragt sich, ob es wohl richtig war, das Sams einfach im Wald auszusetzen. Aber nun ist es zu spät. *Er öffnet den Vorhang.*

3. Taschenbiers Zimmer

Herr Taschenbier betritt gerade sein Zimmer, seufzend, müde. Er wirft seine Jacke über den Stuhl, setzt sich total erschöpft auf sein Bett.
Im nächsten Augenblick springt er wieder auf: Das Sams streckt den Kopf unter der Zudecke hervor.

SAMS *fröhlich* Na, Papa, da kommst du ja endlich. Hast du dich verlaufen? Ich bin schon ganz lange hier!
TASCHENBIER Wo ... wo ... wie kommst du denn hier ins Zimmer?
SAMS Keine Angst, die olle Rotkohl hat nichts gemerkt. Ich bin einfach zum Fenster reingestiegen.
TASCHENBIER Zum Fenster rein? Du bist also wieder da. Ich weiß gar nicht ... also ... Was mache ich denn nun?
SAMS Am besten: schlafen!
TASCHENBIER Da hast du recht: schlafen! *Er gähnt* Erst einmal schlafen!

Völlig erschöpft, mit Kleidern, sinkt Herr Taschenbier aufs Bett und schläft ein. Der Erzähler schließt behutsam den Vorhang.

4 A. Vor dem Zwischenvorhang

ERZÄHLER Tja: Und langsam muß sich Herr Taschenbier an den Gedanken gewöhnen, daß er nun auf Schritt und Tritt ein freches Sams bei sich hat. Aber jetzt schläft Herr Taschenbier erst mal. Ganz tief und fest.

Er legt den Zeigefinger an die Lippen und beginnt, auf Zehenspitzen vom Vorhang wegzuschleichen. Mit einemmal ertönt so lautes Weckerklingeln hinter dem Vorhang, daß der Erzähler erschrocken zusammenzuckt.

Sams *hinter dem Vorhang* Telefon! Papa, Telefon für dich! Aufwachen!
Erzähler Telefon? Klingt eher wie ein Wecker! *Neugierig öffnet er den Vorhang.*

4. Taschenbiers Zimmer

Herr Taschenbier liegt immer noch in Kleidern auf dem Bett. Er schreckt hoch, stellt den Wecker ab.

Taschenbier Das ist kein Telefon, das ist ein Wecker!

Der Erzähler macht im Abgehen eine Geste, als wolle er sagen: Na, hab ich's nicht gleich gesagt?

Sams Ach so, ein Wecker. Fliegen wir heute wieder aus?
Taschenbier Aber nein. Heute ist Montag. Heute muß ich ins Büro. Arbeiten!
Sams Gehst du denn gern ins Büro?
Taschenbier Na ja ...
Sams Wünschst du dir nicht, daß die Arbeit ausfällt?
Taschenbier Natürlich wünsche ich mir das. Besonders am Montag morgen!
Sams Fein, Papa! Dann gehn wir heute ins Kaufhaus.
Taschenbier Kaufhaus? Wieso?
Sams Wir müssen mir doch etwas zum Anziehn kaufen.
Taschenbier Hör mal: Gerade habe ich dir doch erklärt, daß ich heute arbeiten ...

Das Telefon klingelt.

Sams Der Wecker, Papa! Der Wecker klingelt!
Taschenbier Das ist kein Wecker, das ist ...

Rotkohl *draußen* … Telefon! Herr Taschenbier, Telefon für Sie!
Sams Telefon für uns? Au fein, kann man das essen?
Taschenbier Untersteh dich!
Sams *springt aus dem Bett* Ich steh schon unten!
Rotkohl Herr Taschenbier! Hören Sie nicht?
Taschenbier *zum Sams* Marsch, ins Bett!
Sams *mault* Raus aus dem Bett, rein ins Bett!

Es legt sich ins Bett. Herr Taschenbier deckt es bis über den Kopf zu, öffnet dann die Tür. Frau Rotkohl reicht ihm das Telefon ins Zimmer, versucht immer, an ihm vorbei ins Zimmer zu spähen. Er stellt sich in den Weg, verdeckt ihr die Sicht. Telefoniert dabei

Taschenbier Oh, Herr Oberstein, guten Morgen. Entschuldigen Sie, daß Sie warten mußten … Ja … jawohl … Aber natürlich, Herr Oberstein … Klar, Chef … ja … ja. Vielen Dank. Danke. Auf Wiederhören, Herr Oberstein!

Er reicht Frau Rotkohl das Telefon zurück, schließt schnell die Tür, wagt einen zaghaften Freudenausbruch.

Sams Na, was hat der Chef gesagt?
Taschenbier Frei! Ich habe heute frei! Er sucht immer noch den Schlüssel zu seinem Schreibtisch. Da hat er die ganzen Unterlagen eingeschlossen. Und alle anderen Schlüssel: den zu meinem Schreibtisch, vom Aktenschrank und vom Schreibmaschinentischchen. Ohne Schlüssel geht nichts! – Da können wir wirklich ins Kaufhaus gehen und dir endlich was zum Anziehen kaufen. Auf geht's, ins Kaufhaus!
Sams *singt* Kaufhaus, Kaufhaus,
wir gehen in das Kaufhaus.
Kaufhaus, Feldmaus,
Kaufhaus, Blattlaus,
Kaufhaus, Blumenstrauß …
Taschenbier Pssst, Ruhe! Frau Rotkohl!

Beide schleichen auf Zehenspitzen aus dem Zimmer, durch den Flur ab. Der Erzähler schließt den Vorhang.

5 A. Vor dem Zwischenvorhang

Frau Rotkohl tritt auf mit einem Besen, kehrt vor dem Vorhang, als wäre da der Bürgersteig. Das Sams und Taschenbier kommen aus dem Haus, von der Seite. Sie schleichen, schauen sich vorsichtig nach hinten um, da sie Frau Rotkohl im Haus vermuten, und stoßen fast mit ihr zusammen. Im letzten Moment kann das Sams unbemerkt hinter Frau Rotkohl schlüpfen. Herr Taschenbier versucht, ihre Aufmerksamkeit auf sich zu lenken, damit das Sams ungesehen von der Bühne schleichen kann. Er gibt dem Sams Zeichen, schnell zu verschwinden.

TASCHENBIER Ach, hallo, Frau Rotkohl! Schöner Morgen heute, nicht wahr? Ja! Sehr schön!

ROTKOHL Ich weiß nicht, was an diesem Morgen so besonders schön sein soll! – Und Ihr Benehmen gestern …

TASCHENBIER Mein Benehmen? Ach so, jaja. Stimmt. Was war mit dem?

ROTKOHL Mit wem?

TASCHENBIER Mit dem Benehmen, meine ich.

Das Sams äfft Frau Rotkohl nach, imitiert ihre Gestik.

ROTKOHL Das fragen Sie noch? Ich hätte große Lust … Was soll das eigentlich?

Herr Taschenbier hat dem Sams Zeichen gegeben.

TASCHENBIER Was soll was?

ROTKOHL Wem winken Sie da?

TASCHENBIER Winken? Wieso winken? Ich schüttle nur die Hand

ein bißchen aus. Hat nichts zu bedeuten. Reden Sie nur weiter!

ROTKOHL Was ist los mit Ihnen? Wo haben Sie überhaupt Ihre Aktentasche? Gehn Sie denn nicht ins Büro?

TASCHENBIER Nein, wir gehen ... ich gehe ... also: Es geht ins Kaufhaus heute! Jaja. Auf Wiedersehen!

ROTKOHL He, warten Sie! Da war doch noch jemand?

TASCHENBIER Noch jemand? Wo denn? Sie müssen sich getäuscht haben. Hier bin nur ich. Und ich bin auch gleich weg! *Er verschwindet.*

Der Erzähler kommt von der anderen Seite, zieht höflich den Hut, als er an Frau Rotkohl vorbeikommt.

ERZÄHLER Einen schönen guten Morgen!

ROTKOHL Und es war doch jemand dabei! Da geh ich jede Wette ein!

ERZÄHLER Wie bitte?

ROTKOHL Ach, scheren Sie sich zum Teufel!

Unwillig geht sie ab. Der Erzähler zuckt die Achseln, geht zur rechten Bühnenseite und öffnet dort den Vorhang.

5. Im Kaufhaus – Abteilung Herren-Oberbekleidung

Kaufhausgeräusche, zum Auftakt vielleicht eine Werbedurchsage aus dem Lautsprecher.

An der Seite ein Wühltisch mit Hüten und Mützen. Dabei steht die Verkäuferin. Ein Kunde probiert gerade Hüte und Mützen. Diese Tätigkeit wird sich durch die ganze Kaufhausszene ziehen: Er setzt – stumm – einen Hut auf, rückt ihn zurecht, betrachtet sich im Spiegel, rückt am Hut, betrachtet sich wieder, geht weiter weg, näher heran, schüttelt den Kopf, greift zum nächsten Hut, treibt mit ihm das gleiche Spiel, legt ihn wieder zurück, greift zum nächsten Hut, zu einer Mütze usw. Die Verkäuferin lehnt während-

dessen gleichmütig an der Wand und feilt ihre Fingernägel, schenkt ihm ab und zu einen Blick.
Neben einer Umkleidekabine im Hintergrund steht der Verkäufer und rückt Anzüge auf einer langen Kleiderstange zurecht.
Taschenbier und das Sams betreten die Abteilung.

VERKÄUFER Guten Tag. Womit kann ich dienen?
TASCHENBIER Etwas zum Anziehn bitte ...
VERKÄUFER Etwas zum Anziehn, der Herr, selbstverständlich, haben wir gleich!
TASCHENBIER Nicht für mich. Für das ... das hier!
VERKÄUFER Für wen bitte?
Taschenbier Na ja, das ... das Kind hier.
Verkäufer Das Kind hier, natürlich. Kein Problem. Ist es ein Junge oder ein Mädchen?
TASCHENBIER *beugt sich zum Sams* Bist du ein Junge oder ein Mädchen?
SAMS Ich bin ein Sams, das weißt du doch, Papa!
TASCHENBIER Hm. *Zum Verkäufer* Na ja, sagen wir mal: ein Junge!
VERKÄUFER Sagen wir mal ein Junge, selbstverständlich. Welcher Vater weiß das auch schon genau! – Da würde ich vielleicht einen Anzug vorschlagen. Hier: gute Qualität, sauber verarbeitet!
SAMS Der ist zu grün!
VERKÄUFER Zu grün, selbstverständlich. Bitte schön. Dann nehmen wir einen weniger grünen. Bei uns ist der Kunde König!
SAMS Wer ist König?
VERKÄUFER Der Kunde!
SAMS Was ist das, ein Kunde?
VERKÄUFER Jeder, der bei uns kauft, ist ein Kunde.
SAMS Dann bin ich auch ein Kunde?
VERKÄUFER Selbstverständlich!
SAMS Papa, hast du gehört: Ich bin ein König. Da muß ich aber eine Krone haben!

VERKÄUFER Nun rede mal keinen Unsinn, Kleiner! Hier, nimm den Anzug! Dort ist die Umkleidekabine. Zieh ihn mal an!

SAMS So werde ich nicht angeredet!

VERKÄUFER So? Wie denn dann?

SAMS Zu einem König muß man »Majestät« sagen.

VERKÄUFER Soll das ein Scherz sein?

TASCHENBIER Hören Sie: Vielleicht versuchen Sie es doch mal mit »Majestät«. Macht Ihnen das so viel aus?

VERKÄUFER Meinen Sie das im Ernst? Na bitte, wenn Sie darauf bestehn: Würden Majestät in den Anzug schlüpfen? Majestät dürfen den Vorhang ruhig zumachen.

Das Sams zieht den Vorhang der Kabine zu.

VERKÄUFER *zu Taschenbier* Na, zufrieden?

TASCHENBIER Ja, sehr. Danke! Wissen Sie, der Kleine glaubt eben alles, was man ihm erzählt.

VERKÄUFER Schon recht! *Zum Sams* Nun, wie paßt der Anzug? Alles in Ordnung?

SAMS *streckt den Kopf durch den Vorhang* Darf man in diesem Anzug auch einatmen?

VERKÄUFER Einatmen? *Lacht* Selbstverständlich, Majestät!

Das Sams holt tief Luft. Geräusch von platzendem Stoff aus der Umkleidekabine. Dann tritt es heraus: Der Anzug ist von oben bis unten aufgeplatzt.

SAMS Ist geplatzt! Schlechter Stoff! Nichts zum Anziehn, höchstens zum Essen! *Es beginnt, am zerrissenen Anzug zu nagen.*

VERKÄUFER Was ... was hast du mit dem Anzug gemacht?

SAMS Nichts. Ich hab nur eingeatmet.

VERKÄUFER Das ist ja fürchterlich ... grauenvoll ... Was soll ich denn nun mit dem Anzug ... also, so was!

Er zieht währenddessen dem Sams den Anzug aus, schaut sich kurz um und versteckt den zerrissenen Anzug in einem Papierkorb. Dann bringt er einen neuen.

VERKÄUFER Hier. Probier den an, der ist eine Nummer größer!
SAMS Mach ich! *Streckt den Kopf gleich heraus* Darf man in diesem Anzug auch einatmen?
VERKÄUFER Nein, Majestät! Um Himmels willen! Nicht schon wieder!

Der Abteilungsleiter ist während der letzten Worte hereingekommen, nähert sich neugierig, fragt den Verkäufer

ABTEILUNGSLEITER Haben Sie eben »Majestät« gesagt? Haben wir da drinnen einen hohen Gast?
Einen Prominenten, ja?
SAMS *hat den Anzug angezogen, streckt den Kopf heraus* Nein, er nennt mich immer »Majestät«!
ABTEILUNGSLEITER Dich? *Ungläubig schaut er zwischen Sams und Verkäufer hin und her.*
SAMS Ja! Er hat mir auch verboten einzuatmen!
ABTEILUNGSLEITER Ist das wahr?
SAMS Ja! Außerdem hat er einen zerrissenen Anzug dort in den Papierkorb gestopft!
ABTEILUNGSLEITER *bückt sich, zieht eine halbe Hose aus dem Papierkorb. Vorwurfsvoll zum Verkäufer* Unglaublich! Sagt »Majestät« zu gewöhnlichen Kunden, verbietet ihnen einzuatmen und zerreißt Anzüge! Sie gehen sofort zum Arzt und lassen sich untersuchen!
VERKÄUFER Aber Chef, das war doch so:
ABTEILUNGSLEITER Keine Widerrede, verstanden?
VERKÄUFER Keine Widerrede, selbstverständlich! *Er geht schnell.*
SAMS *streckt den Kopf wieder heraus* Darf ich jetzt eigentlich einatmen oder nicht?
ABTEILUNGSLEITER *lachend* Aber natürlich darfst du einatmen, mein Kind!

Das Sams holt ganz tief Luft, und – PENG – ist auch der zweite Anzug geplatzt.

ABTEILUNGSLEITER Was war das?
SAMS *kommt* Das war der Anzug. Ist geplatzt!
ABTEILUNGSLEITER *schreit* Was hast du da gemacht?
TASCHENBIER Er hat nur eingeatmet. Er hat Sie vorher gefragt.
ABTEILUNGSLEITER Unverschämtheit! Gib ihn her, den Anzug! Ich weiß jetzt, was für dich richtig ist. *Er wirft den Anzug zum andern.*
SAMS Was denn?
ABTEILUNGSLEITER Wirst es gleich sehen. Hier! In diesem besonderen Fall schlage ich Lederhosen vor. Lederhosen sind nämlich reißfest!
SAMS Sind die auch beißfest?
ABTEILUNGSLEITER Beißfest? *Lacht spöttisch* Kannst es ja mal ausprobieren! Da würdest du dir ganz schön die Zähne dran ausbeißen.
SAMS *hebt die Lederhose hoch, schnuppert daran, beißt ein Hosenbein ab. Kauend* Mmmm. Schmeckt gut. Echt Rindsleder!
ABTEILUNGSLEITER Wirst du wohl die Hose ganz lassen, ungezogener Junge!
SAMS Wieso? Du hast es doch erlaubt.
TASCHENBIER Ja, das haben Sie!
ABTEILUNGSLEITER So, habe ich das! Besserwisser! *Er wirft die Lederhose zu den Anzügen* Aber wir werden schon was finden. So schnell gebe ich nicht auf! Verlassen Sie sich drauf! *Dabei holt er aus der Nachbarabteilung einen Taucheranzug. Als er beim Kunden vorbeikommt, spricht der ihn an*
KUNDE Entschuldigung: Finden Sie, daß mir der Hut steht?
ABTEILUNGSLEITER Sehen Sie nicht, daß ich beschäftigt bin? Fragen Sie die Verkäuferin! *Zur Verkäuferin* Kümmern Sie sich doch mal um den Herrn! *Zum Sams* So, hier ist ein neuer Anzug. Zieh ihn gleich mal an!

Das Sams verschwindet mit dem Anzug in der Kabine.

KUNDE *zur Verkäuferin* Entschuldigung: Steht mir der Hut? Was finden Sie?
VERKÄUFERIN *unterbricht kurz ihr Nagelfeilen, betrachtet ihn* Ja.
KUNDE Ja? Was heißt »ja«?
VERKÄUFERIN Sieht gut aus, der Hut. Spitze!
ABTEILUNGSLEITER *kommt hinzu. Zur Verkäuferin* Aber sehen Sie denn nicht, daß der Hut viel zu klein ist? Geben Sie mal einen größeren Hut her! Mindestens Größe 56! Nein, 58!

Die Verkäuferin reicht ihm den Hut.

ABTEILUNGSLEITER Hier, setzen Sie den mal auf! Sie werden sehen, wieviel besser der aussieht.
KUNDE *setzt den Hut auf. Der ist so groß, daß er ihm übers ganze Gesicht rutscht, bis zum Kinn. Halb verständlich unter dem Hut* Ist der nicht ein bißchen groß?
VERKÄUFERIN Wie bitte?
ABTEILUNGSLEITER Was sagen Sie? Sie müssen lauter reden!
KUNDE Ist der nicht ein bißchen groß?
ABTEILUNGSLEITER Groß? Finden Sie? Man trägt wieder große Hüte!
VERKÄUFERIN Große Hüte sind ›in‹!
KUNDE Ach ja? Aber die Farbe gefällt mir nicht ganz. Haben Sie den auch in senffarben?
ABTEILUNGSLEITER Senffarben? *Zur Verkäuferin* Suchen Sie doch mal, ob der auch in Senf da ist!

Während sie sucht, geht er zurück zur Umkleidekabine. Die kurze Hutszene war hoffentlich lang genug, daß das Sams inzwischen in den Taucheranzug schlüpfen konnte. Es kommt aus der Kabine.

ABTEILUNGSLEITER Na, zufrieden?
TASCHENBIER Aber, das ist ja ein Taucheranzug!

Abteilungsleiter Eben! Der paßt immer. Gummi dehnt sich. Das ist unser neuestes Modell. Brandneu!

Sams Brandneu? Wo brennt das denn?

Abteilungsleiter *tippt sich mit dem Zeigefinger an die Stirn* Hier! Hier brennt es! Hier!

Sams *laut* Es brennt! Es brennt! Bei dem Herrn hier brennt es!

Verkäuferin *schleudert die Nagelfeile weg* Es brennt? Ja, wo denn? Da muß man doch was unternehmen. Alarmanlage! Alarmanlage anstellen! Es brennt! Warum löscht denn keiner?

Kunde *schreit* Feuer! Feuer! *Er rennt aus der Abteilung, ruft draußen laut weiter* Feuer! Feuer! Es brennt!

Von draußen Stimmengemurmel, aufgeregte Rufe anderer Kunden.

Abteilungsleiter *versucht den Kunden zu stoppen* Ruhe! Was soll denn der Unsinn!

Sams *begeistert* Feuer, Feuer! *Es hopst hinter dem Abteilungsleiter her, singt* Feuer, Feuer,
ungeheuer
heißes Feuer!
Kommt und rennt,
denn es brennt!
Leute, Leute,
kommt gerannt:
Dieser Herr
ist angebrannt!

Abteilungsleiter *kommt zurückgerannt* Bist du still, du kleine Kröte!

Toncollage: »Feuer« aus allen Abteilungen, die Alarmanlage setzt ein, Stimmengewirr, Klirren.
Der Verkäufer, der zum Arzt geschickt wurde, kommt angerannt mit einem Wasserschlauch in der Hand.

Verkäufer Wo brennt es denn?

Sams Fein, da kommt Wasser! Da kann ich ja gleich tauchen.

Abteilungsleiter Ruhe! Nur die Ruhe bewahren! Alles hört auf mich! Alarmanlage ausstellen! Ruhe bewahren!

Verkäufer Brennt es hier? Wo brennt es denn?

Sams *zeigt auf den Abteilungsleiter* Bei dem Herrn dort!

Abteilungsleiter Verschwinde! Verschwinde sofort aus meinem Kaufhaus, oder ich hole die Polizei!

Verkäufer Die Polizei kommt schon, Chef! Und die Feuerwehr! Keine Panik! Alles benachrichtigt!

Abteilungsleiter Bin ich in einem Tollhaus? Sie Hornochse! Raus! Alles raus! Raus hier!

Sams Ich geh ja schon. Komm, Papa, wenn man uns so höflich bittet!

Martinshorn der Polizei und Feuerwehr von draußen. Der Abteilungsleiter beginnt, mit den zerrissenen Anzügen, Hüten und Mützen nach dem Sams zu werfen. Dazu Rufe von draußen, Alarmklingel, Polizeisirene, Chaos.

Taschenbier Schnell, raus hier!

Sie rennen nach vorn aus der Szene; hinter ihnen schließt der Erzähler den Vorhang. Sobald der Vorhang zu ist, verstummen schlagartig Stimmen und Geräusche.

6 A. Vor dem Zwischenvorhang

Taschenbier Das ging gerade noch mal gut!

Sams Ja, Papa. Sehr schön gut. – Weißt du, ich hab mir ein Kaufhaus schon schön vorgestellt. Aber daß es dort sooo schön ist, das hätte ich mir doch nicht träumen lassen!

Sie gehen, Hand in Hand.

SAMS Und morgen gehn wir wieder ins Kaufhaus, ja?
TASCHENBIER Unmöglich! Erstens können wir uns dort nicht mehr sehen lassen ...
SAMS Und zweitens ...?
TASCHENBIER ... muß ich morgen ins Büro. Arbeiten.
SAMS Fein. Dann gehn wir morgen also ins Büro.
TASCHENBIER Du wirst dich hüten, ins Büro zu gehn! Was würde da mein Chef sagen!
SAMS Ich will aber mit!
TASCHENBIER Das geht nicht.
SAMS Ich bin auch ganz leise!
TASCHENBIER Das kannst du gar nicht, leise sein!
SAMS Fast ganz leise! Ziemlich sehr leise!
TASCHENBIER Nein, unmöglich. Du bleibst in meinem Zimmer.
SAMS Den ganzen Tag?
TASCHENBIER Den ganzen Tag!
SAMS Wünschst du dir das?
TASCHENBIER Ich wünsche es nicht, ich will es. Ich befehle es dir. Verstehst du?
SAMS *lacht* Klar, Papa. Alles verstanden.

Beide gehen ab. Der Erzähler kommt.

ERZÄHLER Und am nächsten Tag ging Herr Taschenbier wirklich ins Büro. Und zwar alleine, ohne das Sams. *Er öffnet den Vorhang.*

6. Büro

Zwei Schreibtische: der große Chefschreibtisch und der schäbige von Herrn Taschenbier. An der Wand die große Büroubr. Eventuell ein Aktenregal.

Herr Oberstein sucht immer noch nach dem Schlüssel. Chaos im Büro. Der Papierkorb ist umgestülpt, Kartons umgekippt und durchsucht. Oberstein sitzt am Boden und wühlt in irgendwelchen Sachen. Es klopft.

OBERSTEIN *gereizt* Herein!
TASCHENBIER *kommt mit Aktentasche herein* Guten Morgen, Herr Oberstein. – Herr Oberstein? Ach, da unten sind Sie!
OBERSTEIN Sie können gleich suchen helfen, Taschenbier!
TASCHENBIER Haben Sie den Schlüssel immer noch nicht?
OBERSTEIN Nein. Ich muß den Schreibtisch wohl aufbrechen lassen. Wo pflegen Sie denn Ihre Schlüssel zu verstecken?
TASCHENBIER Ich? Ich verstecke meinen Schlüssel nie. Ich stecke ihn einfach in die Hosentasche.
OBERSTEIN In die Hosentasche! Sie haben eben keine Phantasie! *Gedankenverloren schiebt er die Hand in die Tasche, findet dort den Schlüssel* Da ist er ja! So was! Warum haben Sie das nicht schon gestern am Telefon gesagt? An die Arbeit! Räumen Sie mal gleich hier auf! *Er schließt seinen Schreibtisch auf, türmt Unterlagen über Unterlagen auf Taschenbiers Schreibtisch. Dabei* Hier! Und hier! So! Und da! Na also! Und die Rechnungen! Puh, bin ich vielleicht geschafft. Jetzt muß ich erst mal einen Schluck trinken gehen.
Taschenbier, was machen Sie da unten am Boden?
TASCHENBIER Aufräumen, Herr Oberstein.
OBERSTEIN Sehr gut. Weitermachen! Aber vergessen Sie nicht: Auf Ihrem Schreibtisch wartet Arbeit. In einer Stunde bin ich wieder da. Oder in zwei. Ich will Ergebnisse sehn, wenn ich wiederkomme, klar?
TASCHENBIER Klar, Herr Oberstein.

Herr Oberstein geht. Taschenbier kniet am Boden und wirft das ausgekippte Papier in den Papierkorb zurück.
Vorsichtig schaut das Sams ins Zimmer, schleicht herein, setzt sich an Herrn Obersteins Schreibtisch und beginnt dort Papiere aufzu-

fressen (= weiße Oblaten). Herr Taschenbier bemerkt es nicht, er liest Papier auf.

SAMS Viel Papier!

TASCHENBIER Ja, Herr Oberstein, 'ne ganze Menge. Ich – *Es wird ihm mit Verzögerung klar, daß dies ja gar nicht Obersteins Stimme war. Er fährt hoch* Wie kommst du hier herein?

SAMS Da! *Es zeigt in Richtung Tür.*

TASCHENBIER Laß sofort die Papiere! Was fällt dir ein! Geh da weg! Wenn Herr Oberstein kommt! Los, versteck dich!

SAMS Fein, Papa. Verstecken spiel ich gern. *Es kriecht hinter den Schreibtisch* Suchst du mich jetzt?

TASCHENBIER Ich habe keine Zeit für Spiele. Ich muß arbeiten.

SAMS Was denn?

TASCHENBIER Rechnen!

SAMS Ach so. Ich dachte, was Schwieriges!

TASCHENBIER Hast du eine Ahnung, wie schwierig das ist! Hör mal, was ich für Zahlen zusammenrechnen muß. *Er liest von einer Rechnung ab* 411 + 319 + 217 + 334 + 556 + 327 + 2346!

SAMS Das ist nicht schwierig, das ist 4510!

TASCHENBIER Mach du nur Witze! *Er beginnt zu rechnen. Das Sams steigt auf einen Stuhl und stellt die Bürouhr 5 Stunden vor, verkriecht sich dann wieder in sein Versteck.*

TASCHENBIER Was hast du eben für eine Zahl gesagt?

SAMS 4510.

TASCHENBIER Das stimmt ja! Wie ist das möglich? So schnell rechnet nicht mal eine Rechenmaschine.

SAMS Aber das Sams!

TASCHENBIER Dann kannst du mir ja helfen!

SAMS Natürlich, Papa.

TASCHENBIER 45 + 193 + 87 + 33 + 92?

SAMS Ist 450!

TASCHENBIER *trägt die Zahl ein. Fragt*
392 + 567 + 982 + 334 + 556 + 12 + 233 + 5677 + 986 + 23 + 567 + 982 + 777 + 535 + 6663 + 98 …

Während er endlos Zahlen diktiert, schließt der Erzähler den Vorhang. Taschenbiers Stimme wird immer leiser, je weiter der Vorhang zugeht, verstummt schließlich.

ERZÄHLER So ging das den ganzen Vormittag weiter. Als der Chef gegen 12 Uhr zurückkam, traute er seinen Augen nicht! *Er öffnet den Vorhang wieder. Die Uhr ist bei geschlossenem Vorhang auf fünf gestellt worden.*

Taschenbier hat die Füße auf den Schreibtisch gelegt. Die Rechnungen sind auf der Schreibtischplatte säuberlich gestapelt. Das Sams ist versteckt.

OBERSTEIN Taschenbier! Sie haben wohl nichts zu tun?
TASCHENBIER *nimmt schnell die Füße vom Tisch* Nein, Herr Oberstein.
OBERSTEIN Was soll das heißen? Was ist mit den Rechnungen?
TASCHENBIER Alles ausgerechnet. Bitte! *Er legt den Stapel Rechnungen auf Obersteins Schreibtisch. Der prüft sie.*
OBERSTEIN Phantastisch! Unglaublich! Alles fertig. Wie gibt es das? Dazu braucht man doch mindestens acht Stunden!
SAMS *mit verstellter Stimme* Es ist ja auch schon fünf Uhr!
OBERSTEIN Fünf Uhr? Reden Sie keinen Unsinn! Was haben Sie überhaupt für eine seltsame Stimme?
Taschenbier *hustet. Mit Sams-ähnlicher Stimme* Ich bin heiser, Herr Oberstein.
OBERSTEIN Heiser, so! *Dreht sich nach der Uhr um, schrickt zusammen* Es … es ist tatsächlich schon fünf Uhr! Oder geht die Uhr hier falsch?
Das Sams hat ihm in der Zwischenzeit die Taschenuhr heimlich aus der Westentasche gezogen und daran herumgestellt. Herr Oberstein zieht nun seine Uhr, schaut darauf Tatsächlich! Fünf Uhr. Ich hätte schwören können, daß es höchstens eins ist. Ich habe wohl ein Bier zuviel getrunken. Oder zwei. *Er knüllt ein Papier zusammen, wirft es in den Papierkorb* Tatsächlich schon fünf.

Das Papier kommt auf seinen Schreibtisch zurückgeflogen Taschenbier, was erlauben Sie sich!

TASCHENBIER Ich habe nichts getan!

OBERSTEIN Ist das Papier vielleicht von alleine zurückgeflogen, was? *Er wirft es wieder in den Papierkorb, beobachtet Taschenbier scharf. Das Sams wirft das Papier ein zweites Mal zurück.*

OBERSTEIN Das ist ja unheimlich! *Er wirft das Papier ein drittes Mal weg* Die Suche nach dem Schlüssel hat mich ziemlich mitgenommen. Machen Sie für heute Schluß, Taschenbier!

TASCHENBIER Schluß? Ich glaube, die Uhr geht vielleicht doch falsch, Herr Oberstein. Ich …

OBERSTEIN Wenn ich sage, Sie sollen gehen, dann können Sie gehen. Verstanden?

TASCHENBIER *steht auf* Wenn Sie es so wollen! *Das Papier kommt wieder geflogen und landet an Obersteins Kopf.*

OBERSTEIN Taschenbier, da ist dieses Papier schon wieder! Da hat ja einer was draufgeschrieben. Taschenbier, waren Sie das?

TASCHENBIER Aber nein, Herr Oberstein.

OBERSTEIN Da steht doch was!

TASCHENBIER *guckt* Das ist Ihre Schrift, Chef!

OBERSTEIN Meine Schrift? Tatsächlich! Was habe ich denn hier geschrieben:
Taschenbier und Oberstein sitzen im Büro.
Taschenbier hat Grips im Kopf, Oberstein nur Stroh.
Herr Taschenbier, mit mir steht es schlechter, als ich dachte. Ich brauche dringend Ruhe. Bleiben Sie mal morgen zu Hause. *Er schreit auf* Ha, entsetzlich! Jetzt sehe ich schon Hirngespinste. Bleiben Sie mal lieber am Donnerstag auch daheim!

TASCHENBIER *schaut sich um* Was sehen Sie denn?

OBERSTEIN *winkt ihn zu sich heran, vertraut sich ihm an* Eben habe ich mir eingebildet, ich hätte einen rothaarigen Affen im Taucheranzug hier aus dem Büro rennen sehn. Entsetzlich, was?

TASCHENBIER Ja, entsetzlich. Ich lasse Sie lieber allein. Wiedersehen, Herr Oberstein.

OBERSTEIN Leben Sie wohl, Herr Taschenbier. Bis nächste Woche. Wir sehen uns am Montag!

Der Erzähler schließt den Vorhang.

7 A. Vor dem Zwischenvorhang

Das Sams wartet vor dem Büro bereits auf Herrn Taschenbier, spielt ein Hüpfspiel, watschelt mit quergestellten Taucherflossen oder ähnliches. Nach wenigen Sekunden kommt Taschenbier nach, die Aktentasche lässig unter dem Arm.

TASCHENBIER Da hast du ja wieder was Schönes angerichtet!

SAMS Ja, was sehr Schönes: Morgen und übermorgen frei. Und heute schon um zwölf Uhr Schluß. Fein, Papa, was? *Es faßt Taschenbier an der Hand und singt*

Das Sams und der Herr Taschenbier,
die kommen vom Büro.
Der Chef, der hat schon Schluß gemacht,
da ist der Papa froh!

TASCHENBIER Nicht nur der Papa!

SAMS Klar. Hab ich nur so gesagt, damit es sich besser reimt. Achtung, jetzt kommt noch ein Gedicht!

TASCHENBIER Was, schon wieder eines?

SAMS Das letzte für heute!

Heute ist das Wetter fein,
da geht man aus und bummelt.
Drum hat das Sams Herrn Oberstein
ganz fürchterlich beschummelt!

TASCHENBIER Das kann man wohl sagen! Du bist das frechste Kind, das ich je erlebt habe.

SAMS Ich bin kein Kind, ich bin ein Sams!

TASCHENBIER Natürlich. Entschuldige. Wenn du ein Kind wärst, würdest du keine Uhren verstellen können.
SAMS Können das Kinder nicht?
TASCHENBIER Doch. Aber die sind um diese Zeit in der Schule.
SAMS Schule, bäh!
TASCHENBIER Red nicht so von der Schule! Die würde dir ganz guttun. Dann wärst du vielleicht ein bißchen weniger frech.
SAMS Wär ich nicht!
TASCHENBIER Ich wünsche, du würdest mal eine Schulstunde mitmachen. Dann würdest du anders reden.
SAMS So ein blöder Wunsch! Wann soll ich denn in die Schule?
TASCHENBIER Am besten gleich morgen früh.
SAMS Morgen früh in die Schule! So ein dämlicher Wunsch. Hättest du dir nicht was Besseres wünschen können? Schule!

Sams und Taschenbier verschwinden nach links von der Bühne. Von rechts kommt der Erzähler.

ERZÄHLER Und so hat sich Herr Studienrat Groll ganz schön gewundert, als er am nächsten Morgen in die Klasse kam!
Er öffnet den Vorhang, hinter dem man inzwischen zum Schulzimmer umgebaut hat.

7. Klassenzimmer

Im Hintergrund ein Fenster. Daneben eine riesige Landkarte. Links das Lehrerpult, rechts, dem Pult gegenüber, die Schülerbänke.
Am besten, man beschränkt sich bewußt auf einen kleinen Ausschnitt des Klassenzimmers und zeigt nur drei Schulbänke: In der ersten sitzt das Sams, in der zweiten sitzen – nebeneinander auf niedrigen Stühlen – Schüler und Schülerin, von der dritten Bank sieht man nur die linke Hälfte des Tisches, der Rest ist bereits durch

den Vorhang verdeckt. So entsteht der Eindruck, daß die Schulbankreihe nach rechts, hinter dem Vorhang, weitergeht.

SCHÜLER Er kommt!

Groll kommt ins Klassenzimmer. Schüler und Schülerin erheben sich.

GROLL *geht zum Pult, schaut streng in die Klasse* Setzen! *Er deutet auf das Sams in der ersten Reihe* Und wer bist du?
SCHÜLERIN Das ist ein Neuer!
SCHÜLER Sieht echt komisch aus!
GROLL Euch habe ich nicht gefragt! *Zum Sams* Kannst du nicht aufstehn?
SAMS Ich? Doch! *Es erhebt sich.*
GROLL Warum sitzt du hier in der ersten Bank?
SAMS Ich sitze nicht in der ersten Bank.
GROLL Wieso nicht?
SAMS Weil ich stehe!
GROLL Keine Frechheiten! Ich meine: Wer dich da hingesetzt hat?
SAMS Ich hab mich ganz alleine hingesetzt.
GROLL So? Hier setzt sich keiner alleine irgendwo hin. Hier bestimmt immer noch der Lehrer, wer sich wo hinsetzt. Wo sind noch Plätze frei, Elvira?
SCHÜLERIN Es ist nur noch ein Platz frei, Herr Studienrat. Der in der ersten Reihe.
GROLL Gut. Dann darf er sich da hinsetzen. Setzen! Habe ich dich nicht schon mal gesehn? *Er baut sich vor dem Sams auf* Wie heißt du?
SAMS Sams.
GROLL Mit Nachnamen!
SAMS *lacht* Taschenbier.
GROLL Was gibt's da zu lachen, Taschenbier? Hier wird nicht gelacht.

SAMS Doch. Schau mal! *Es lacht.*

GROLL Ruhe! Außerdem sagt man nicht »du« zu mir. Das solltest du in deinem Alter längst wissen.

SAMS Wie denn dann?

GROLL »Sie«! Du sagst »Sie« zu mir!

SAMS Sie? Bist du denn eine Frau?

GROLL Flegel! Mich als Frau zu bezeichnen, so eine Frechheit!

SAMS Ist eine Frau denn etwas Schlimmes?

GROLL Nein, natürlich nicht.

SAMS Warum schimpfst du dann?

GROLL »Sie«! »Sie«!

SAMS Sie schimpft? Ich kann sie gar nicht sehen.

GROLL Wen?

SAMS Die Frau, die schimpft.

GROLL Wer hat denn was von einer Frau gesagt?

SAMS Du!

GROLL *verbessert* »Sie«!

SAMS Schon wieder sie! So eine freche Frau. Überall mischt sie sich ein!

GROLL Hör endlich auf, von deiner Frau zu faseln!

SAMS Das ist nicht meine Frau. Ich bin gar nicht verheiratet. Ich …

GROLL Ruhe!

SAMS Meinst du mich?

GROLL »Sie«!

SAMS Ach so, die Frau!

GROLL Nein! Ich … Also, ich werde den Rektor holen, wenn du so weitermachst. Das werde ich! Warum hast du eigentlich so einen komischen Anzug an?

SAMS Weil die anderen immer platzen.

GROLL Platzen? Wie denn platzen?

SAMS Wie? Ungefähr so *Es zieht an Herrn Grolls Jackenärmel, bis der aufplatzt* Genau so!

GROLL Raus, du … du! Nein, hiergeblieben! Ich hole den Rektor. Der wird's dir schon zeigen. Jawoll! Den Rektor. *Er stürmt da-*

bei aus dem Klassenzimmer.

SCHÜLERIN *zum Sams* Mann, dem hast du aber ganz schön zugesetzt!

SCHÜLER Kann man wohl sagen! Jetzt holt er den Rektor.

SCHÜLERIN *zum Sams* Was machst du jetzt?

SAMS *watschelt nach vorne*

Ohne Lehrer ist es immer
ziemlich leer im Klassenzimmer.
Noch viel leerer wird es jetzt,
weil das Sams nach Hause wetzt.
Es schwingt sich aus dem Fenster hier
und rennt zu Papa Taschenbier.

Schon außerhalb des Zimmers. Guckt noch mal durchs Fenster rein

Schönen Gruß an den Herrn Groll:
Das Sams, das hat die Nase voll!

Es verschwindet endgültig. Fast im gleichen Moment kommt Herr Groll mit dem Rektor. Der Rektor geht voraus, Groll folgt, heftig auf ihn einredend.

GROLL Doch, doch, Herr Rektor: eine Mischung aus Affe und Schwein und Kind, ist aber ein Schüler und hat einen Taucheranzug, mit blauen Punkten im Gesicht, dieser Taschenbier, stellen Sie sich vor! Und zerreißt Anzüge, Herr Rektor, direkt gefährlich, hält mich für eine Frau, sehen Sie selbst!

REKTOR Wo denn?

GROLL Na dort, in der ersten Bank!

REKTOR Da ist nichts in der ersten Bank!

GROLL Ist nichts? *Schaut unter die Bank* Da ist nichts, Herr Rektor! Schauen Sie mal: Da ist nichts!

REKTOR Herr Groll, beruhigen Sie sich! Das kommt schon mal vor. Wir sind alle ein bißchen überarbeitet. Bald sind ja Ferien. Stimmt's, Herr Groll?

Herr Groll sinkt entgeistert auf seinem Lehrerstuhl zusammen.

GROLL *matt* Ja, Herr Rektor!

Der Erzähler schließt schnell den Vorhang.

ERZÄHLER Das war der Mittwoch.
Am nächsten Tag, am Donnerstag, schlief Herr Taschenbier ganz lange. Niemand weckte ihn, kein Wecker, kein Telefon, kein Sams.
Er schaut auf seine Taschenuhr Elf Uhr! Jetzt wird es aber Zeit, daß Herr Taschenbier langsam aufsteht!
Entschlossen öffnet er auf der linken Seite den Vorhang.

8. Taschenbiers Zimmer

Taschenbier liegt im Schlafanzug im Bett, wird nun gerade wach, gähnt und reckt sich.

TASCHENBIER Nanu? Weder Weckerklingeln noch Samssingen! Sams? ... Sams?
SAMS *schaut oben aus dem Karton, in dem es sich versteckt hatte* Hätte ich denn singen sollen? Fein, Papa! *Singt*
Rosenkohl und Oberstein,
Papa will geweckt sein ...
TASCHENBIER Nein! Pst! Du hast mich falsch verstanden!
SAMS *singt* Elefanten, Kaffeetanten,
ich hab den Papa falsch verstanden.
TASCHENBIER Sei doch still! Frau Rotkohl ...
ROTKOHL *draußen* Herr Taschenbier, sind Sie das? *Klopft.*
TASCHENBIER Siehst du! Los, versteck dich! *Das Sams versteckt sich wieder im Karton. Laut* Was gibt es denn?

ROTKOHL *streckt den Kopf durch die Tür* Sind Sie denn nicht im Büro? Sie liegen im Bett? Sind Sie krank?

TASCHENBIER Nein, ich habe frei.

ROTKOHL So was. – Ach, und dieser Karton steht immer noch hier herum!

TASCHENBIER Halt, nein! Lassen Sie ihn bitte da stehen!

ROTKOHL Was regen Sie sich so auf? Ich will ihn nur ins Treppenhaus stellen.
Der Karton ist hinter ihrem Rücken ein Stück von ihr weggeflüchtet. Sie dreht sich um Nanu? *Kopfschüttelnd nähert sie sich dem Karton, der hoppelt noch ein Stück weiter* Herr Taschenbier, der Karton bewegt sich! *Spielchen zwischen Frau Rotkohl und dem Karton, bis sie ihn endlich schnappen kann und oben öffnet* Da steckt doch jemand drinnen! Da ... Huch! Was ist denn das?

SAMS Ich!

ROTKOHL Wer bist du? Komm sofort da heraus! Herr Taschenbier, ich fordere eine Erklärung! Wer ist das?

TASCHENBIER Das ... also, das ist der Onkel. Ich wollte sagen: Ich bin der Onkel. Das Sams, äh ... Kind von meiner Schwester, ist zu Besuch gekommen.

ROTKOHL Will dieses Kind etwa bleiben? Das geht nicht!

TASCHENBIER Ich würde natürlich mehr Miete bezahlen.

ROTKOHL Mehr Miete? Na gut, dann kann es da wohnen. Es muß sich aber erst mal waschen. Hat ja blaue Flecken im Gesicht. Hast wohl mit Tinte gespritzt? – Geh sofort ins Bad und wasch dich! Zweite Türe links! *Das Sams geht hinaus, sie ruft ihm nach* Aber nicht mein Handtuch benutzen, verstanden!
Zu Taschenbier Was trägt es überhaupt für einen komischen Anzug? Hat es keinen Pullover? Und diese Haare! Das wird sich ändern. Verstanden, Herr Flaschenbier!

TASCHENBIER *verbessert* Taschenbier!

Das Sams kommt zurück.

Rotkohl Was soll das? Du willst mir doch nicht erzählen, daß du dich in dieser halben Minute gewaschen hast? Wieso hast du die Backen so aufgeblasen? Zeig mir sofort, was du im Mund hast!

Sams *nickt und sprüht eine große Wasserfontäne aus dem Mund; Frau Rotkohl wird naß* Hast du gesehen, was im Mund war? Das war Wasser!

Rotkohl Das unverschämte Kind verläßt sofort mein Haus. Auf der Stelle!

Taschenbier Nein!

Rotkohl Haben Sie »nein« gesagt?

Taschenbier Ja.

Rotkohl Das ist der Gipfel! Morgen früh ist dieses Kind nicht mehr in meinem Haus. Oder es passiert was!

Taschenbier *nimmt seinen ganzen Mut zusammen* So? Und wenn Sie jetzt nicht sofort mein Zimmer verlassen, passiert auch was!

Rotkohl Wir sprechen uns noch, Herr Taschenbier. *Sie geht* Wir sprechen uns noch!

Sams Toll, Papa! Du hast schon was von mir gelernt.

Taschenbier Ob das so gut ist? Was mache ich, wenn sie mir morgen kündigt?

Sams Dann suchst du dir einfach ein anderes Zimmer. – Und was machen wir heute? Wozu hast du Lust?

Taschenbier Ich wüßte schon, was ich am liebsten täte: einmal einen ganzen Tag im Bett liegen und überhaupt nichts tun. Höchstens lesen. Aber das geht nicht.

Sams Warum geht das nicht?

Taschenbier Na ja, das tut man doch nicht. Was würde denn Frau Rotkohl von mir denken!

Sams Was kümmert dich die olle Rosenkohl. Du bleibst heute im Bett. Schluß, aus, abgemacht!

Taschenbier Eigentlich hast du recht. Was kümmert mich Frau Rotkohl! Heute wird im Bett geblieben.

Sams *singt* Papa macht heut, was er mag:
bleibt im Bett den ganzen Tag.

TASCHENBIER Und was machst du?
SAMS Ich? Ich finde das sehr schön und werd solange spielen gehn. Auf Wiedersehn!

Der Erzähler schließt den Vorhang.

ERZÄHLER Herr Taschenbier blieb wirklich den ganzen Tag und den ganzen Abend im Bett liegen. Und die ganze Nacht sowieso. –
Kein Wunder, daß Herr Taschenbier am Freitag ganz früh aufwacht. Schließlich hat er lange genug geschlafen!
TASCHENBIER *bei geschlossenem Vorhang* Aufstehn!

Der Erzähler öffnet den Vorhang.

9. Taschenbiers Zimmer

Taschenbier und Sams im Bett. Herr Taschenbier sitzt im Bett, das Sams pennt noch.

TASCHENBIER Aufwachen!
SAMS Wer? Ich?
TASCHENBIER Wer denn sonst?
SAMS Ich will nicht. *Legt sich wieder hin, deckt sich zu.*
TASCHENBIER Ich möchte aber, daß du aufstehst!
SAMS Ich nicht. *Deckt sich wieder zu.*
TASCHENBIER Ich wünsche, daß du aufstehst!
SAMS Ja, wenn du es wünschst! *Es springt sofort aus dem Bett, macht Morgengymnastik.*
TASCHENBIER Sag mal: Du hast ja überhaupt keine blauen Punkte mehr im Gesicht. Hast du die abgewaschen?
SAMS *hört erschrocken mit der Gymnastik auf* Keine Punkte mehr? Wo ist ein Spiegel?

TASCHENBIER Ein paar sind noch da. Aber der große auf der Nasenspitze ist weg.

SAMS Den hast du gerade weggewünscht!

TASCHENBIER Red keinen Unsinn! Ich habe nie gewünscht, daß der Punkt verschwindet.

SAMS Nein, aber du hast gewünscht, daß ich aufstehe.

TASCHENBIER Was hat das mit dem Punkt zu tun?

SAMS Na, immer wenn du dir was wünschst, verschwindet ein Punkt aus meinem Gesicht, und der Wunsch geht in Erfüllung.

TASCHENBIER Stimmt das? Warum hast du mir das nicht gesagt?

SAMS Das ist doch immer so bei Samsen! – Warum hast du denn immer gesagt »Ich wünsche …«, wenn du was von mir wolltest?

TASCHENBIER Weil ich sehr schnell gemerkt habe, daß du nur dann machst, was man von dir will, wenn man ausdrücklich sagt: Ich wünsche es!

SAMS Und wie war das, als die Rotkohl draußen auf dem Schrank saß? Und als am Montag die Arbeit ausfiel?

TASCHENBIER Das war Zufall, reiner Zufall. Die Rotkohl saß auf dem Schrank, weil der Stuhl (die Leiter) umfiel. Und die Arbeit fiel aus, weil der Chef den Schlüssel verlegt hatte!

SAMS Nein, nein, nein! Weil du es gewünscht hast!

TASCHENBIER Das kann ich nicht glauben. – Jetzt weiß ich was: Ich wünsche mir eine schöne Tasse Kaffee! *Es klopft an der Tür* Herein!

ROTKOHL *kommt mit einer Tasse, stellt sie auf den Tisch* Aha! Nicht umsonst habe ich Ihnen einen Kaffee gebracht, nicht umsonst! Ich wollte sehen, ob dieses freche Kind noch hier ist. Wenn dieser Bengel nicht in fünf Minuten mein Haus verlassen hat, können Sie Ihre Koffer packen. Verstanden? *Sie knallt die Tür hinter sich zu.*

SAMS Na, siehst du!

TASCHENBIER Nichts sehe ich! Es kann wieder nur Zufall gewesen sein. Aber jetzt weiß ich, wie ich herausbekomme, ob du wirklich Wünsche erfüllen kannst!

SAMS Wie denn?

TASCHENBIER Paß auf! *Feierlich* Ich wünsche, daß hier in meinem Zimmer ein Eisbär erscheint! – Na, was sagst du jetzt?

SAMS *vor Kälte schlotternd und stotternd* So ... ein ... blöder ... Wunsch! So ein ... strohdummer ... Wunsch!

TASCHENBIER *schlottert auch* Was ... was ... ma... machst du ... da?

SAMS Ich ... hohol ... mimir ... einen Schal! Denkst du ... ich ... will ... erfrieren? *Es rennt zum Schrank, macht ihn auf, kramt Schal, eventuell Fausthandschuhe heraus.*

TASCHENBIER Bring ... mir ... meinen ... Mantel mit! Was ... soll das ... eigentlich? Es ... ist ... zwar ... eiskalt ... aber ... ich hab ... mir ... doch ... einen ... Eisbär ... gewünscht! *Er zieht den Mantel über den Schlafanzug.*

SAMS Eisbären ... gibt ... es nur ... in kalten Gegenden. Also ... muß es ... erst mal ... kalt werden ... hier!

ROTKOHL *stürmt ins Zimmer* Die fünf Minuten sind um! Herr ... Herr ... Tat ... Tataschenbier ... ich ... kün... kün... *Sie stürmt wieder hinaus, knallt die Tür zu, macht sie dann noch mal auf, steckt den Kopf herein:* Warten Sie nur, bis ich meinen Mantel geholt habe ... dann ... werden ... Sie ... was ... erleben! *Sie knallt die Tür ein zweites Mal zu.*

Fast gleichzeitig springt die Schranktür auf, ein Eisbär kommt heraus.

TASCHENBIER Hilfe! Ein ... Un... Ungeheuer! *Er flüchtet auf einen Stuhl, das Sams ebenfalls.*

SAMS Das ... hast du ... jetzt davon!

Der Eisbär schnüffelt sich durchs Zimmer, nähert sich Taschenbiers Stuhl. Taschenbier und das Sams flüchten auf den Tisch, stehen dort zitternd und vermummt. Frau Rotkohl hat sich inzwischen in ihren Pelzmantel geworfen, kommt so ins Zimmer gestürmt

ROTKOHL So, jetzt ist es soweit! Herr Taschenbier, ich kündige

Ihnen hiermiiiiiiiiiiii! *Sie hat den Eisbär entdeckt und flieht kreischend, läßt die Zimmertür offen. Der Bär trottet hinter ihr her. Taschenbier steigt schnell vom Tisch und wirft die Tür hinter ihm zu.*

SAMS Na, glaubst du es jetzt?

TASCHENBIER Allerdings! Allerdings! Gut, daß dieser Eisbär endlich weg ist!

SAMS Vielleicht verspeist er gerade Frau Rotkohl.

TASCHENBIER Um Himmels willen! Ich wünsche, daß der Eisbär auf der Stelle wieder verschwindet! – Meinst du, der ist jetzt weg?

SAMS Klar! Aber Frau Rotkohl wird gleich wiederkommen. Soll ich vielleicht doch gehen?

TASCHENBIER Nicht nötig. Hör zu: Ich wünsche, daß Frau Rotkohl immer, wenn sie mit mir schimpfen will, genau das Gegenteil von dem sagt, was sie eigentlich sagen will!

SAMS Huch! Da kommt sie schon!

ROTKOHL *stürzt zornbebend ins Zimmer, stützt die Hände in die Hüften und schreit wütend* Herr Taschenbier! Sie sind ein außergewöhnlich netter, lieber und freundlicher Mensch! Ich könnte mir keinen besseren Mieter vorstellen!

TASCHENBIER Das haben sie hübsch gesagt, Frau Rotkohl, sehr hübsch. Und was ist mit dem Sams ... äh ... Kind hier?

ROTKOHL *schreit* Dieses Kind! Das ist das artigste und ruhigste Kind, das ich je erlebt habe. Lassen Sie es doch bitte noch ein wenig hier! Ich freue mich so darauf!

Verwirrt Ich weiß gar nicht, was ich rede! Ich wollte eigentlich sagen: Ich freue mich ungeheuer darauf. Sie zahlen natürlich weniger Miete. So ein Kind kostet Sie ja auch Geld. Nein. Ich wollte ... also, am besten gehe ich wieder in meine Wohnung. Ich wünsche noch einen wunderschönen Tag! *Kopfschüttelnd geht sie ab.*

SAMS Eine höfliche Frau!

TASCHENBIER Nur noch ein bißchen laut. Ich wünschte ...

SAMS Halt, Papa, halt! Nicht schon wieder wünschen. Ich hab

nicht mehr viel Punkte!

TASCHENBIER *betrachtet es* Nur noch zwei! Die heben wir bis morgen auf.

SAMS Morgen? Aber morgen bin ich nicht mehr da, Papa. Morgen ist Samstag!

TASCHENBIER Ja, und?

SAMS Samse bleiben immer nur bis Samstag. Du mußt dir heute etwas wünschen, Papa.

TASCHENBIER Kannst du wirklich nicht bleiben? – Bitte!

SAMS Nein, es geht nicht. – Überleg dir gut, was du dir wünschen willst, Papa!

TASCHENBIER *nachdenklich* Das ist gar nicht einfach! Vielleicht sollte ich mir Geld wünschen, ganz viel Geld ...

SAMS Und wenn du krank wirst, was nützt dir dann dein Geld?

TASCHENBIER Das stimmt ... Gesundheit! Gesundheit ist besser. Oder langes Leben? Und wenn ich dann arm im Altersheim sitze? Eine Reise? Hm ... Ha, ich hab's! Ich weiß jetzt, was ich mir wünsche. Hör zu: Ich wünsche mir eine Wunschmaschine, die Wünsche erfüllen kann!

SAMS Sehr guter Wunsch.

Es klopft.

BEIDE *gleichzeitig* Herein!

ROTKOHL Herr Taschenbier, hier ist ein Paket für Sie abgegeben worden. Ich finde es sehr nett, daß so spät am Abend noch Leute klingeln!

TASCHENBIER Danke, Frau Rotkohl!

Sie geht. Er stellt das Paket auf den Tisch, reißt hastig das Papier herunter: die Wunschmaschine!

SAMS Sehr schön!

TASCHENBIER Wirklich sehr schön! Wo kann man die Maschine anstellen?

SAMS Überhaupt nicht.
TASCHENBIER Überhaupt ... Was? Wie bitte? Wieso?
SAMS Es gibt Wunschmaschinen mit Drehgriff und Wunschmaschinen, die man mit Druckknopf anstellt. Ich wußte nicht, welche Sorte du willst. Jetzt kannst du dir einen Drehgriff oder einen Druckknopf dranwünschen, ganz wie du magst. Du hast ja noch einen Punkt frei.
TASCHENBIER Ich wünsche mir einen Druckknopf an die Maschine. Einen roten, damit man ihn besser sieht!

Beide warten, gehen um die Maschine herum, schauen vergeblich nach dem Druckknopf.

TASCHENBIER Nanu? Noch einmal: Ich wünsche mir einen roten Druckknopf an die Maschine!

Sie betrachten sie von allen Seiten.

SAMS Wieder nichts!
TASCHENBIER Du hast ja auch keinen Punkt mehr!
SAMS Wieso? Du hast doch gesagt, es wären noch zwei da. Wie sahen sie denn aus? Ich ahne Schreckliches!
TASCHENBIER Sie lagen dicht beieinander, einer unter dem andern.
SAMS Das waren nicht zwei Punkte, Papa! Das war einer, ein Doppelpunkt. Für besonders schwierige Wünsche!
TASCHENBIER Was nützt mir die schönste Wunschmaschine, wenn ich sie nicht anstellen kann! Meinetwegen kannst du sie aufessen.
SAMS Aber nein, Papa. Ich muß zwar jetzt fortgehen, weil es gleich zwölf Uhr ist. Aber du weißt doch, was geschehen muß, damit ich wiederkommen kann. Wenn ich wiederkomme, habe ich neue blaue Punkte!
TASCHENBIER Was muß denn geschehen?
SAMS Du weißt doch: Am Sonntag Sonne, am Montag Herr

Mon …

TASCHENBIER Ich weiß, ich weiß! Und am Samstag Sams!

SAMS Ich freue mich schon sehr darauf, Papa. Du auch?

TASCHENBIER Sehr!

SAMS Aber jetzt muß ich gehn.

TASCHENBIER *geht zum Schrank, kommt mit einer Strickjacke* Hier, nimm die Jacke! Die Nächte sind noch ziemlich kühl. Du darfst sie behalten. Auf Wiedersehen, Sams!

SAMS Wiedersehen, Papa. *Sie umarmen sich* Danke für die Jacke! Wiedersehn! *Das Sams geht schnell. Ruft laut von draußen* Mmmm! Schmeckt gut! Sehr guter Stoff, die Jacke. Ist aus Wolle. Ganz ausgezeichnet!

Taschenbier will erst gegen diese Zweckentfremdung seiner Strickjacke protestieren, setzt an, schüttelt den Kopf, macht eine Geste: Typisch Sams! Er lächelt. Vor dem lächelnden Taschenbier schließt der Erzähler den Vorhang.

10 A. Vor dem Zwischenvorhang

ERZÄHLER Und jetzt wartet Herr Taschenbier, daß wieder so eine Woche kommt mit Sonne am Sonntag, wo am Montag Herr Mon zu Besuch kommt, wo am Dienstag Dienst und am Mittwoch Wochenmitte ist …

Taschenbier geht im Schlafanzug über die Bühne, klebt im Gehen einen Briefumschlag zu.

ROTKOHL *schaut, innen auf einem Stuhl stehend, über den Zwischenvorhang, macht da oben mit dem Staublappen den Vorhang sauber. Dabei* Guten Morgen, Herr Taschenbier. Ich finde es kein bißchen ungewöhnlich, daß Sie am hellen Tag im Schlafanzug durch den Vorgarten rennen!

TASCHENBIER *schaut an sich herunter* Schlafanzug? Oh, das hab ich in der Aufregung gar nicht gemerkt.

Er verschwindet wieder im Haus, Frau Rotkohl putzt sich innen immer tiefer, verschwindet allmählich hinter dem Vorhang.

ERZÄHLER *fährt fort* Er wartet auf einen Donnerstag mit viel Donner und auf einen Freitag, der frei ist.

TASCHENBIER *hat einfach den Mantel über den Schlafanzug gezogen, kommt schon wieder, ruft im Vorbeirennen dem Erzähler zu* Ein Brief an Herrn Mon! Ein Eilbrief! Ich hab ihm geschrieben, daß er am Montag unbedingt kommen muß! *Er rennt von der Bühne.*

ERZÄHLER *schaut ihm nach, dann* Und Herr Taschenbier weiß auch schon genau, was er sich als erstes wünschen wird, wenn das Sams wiederkommt. – Er wird sagen …

TASCHENBIER *ist vom Briefkasten zurück, ergänzt* Ich werde sagen: Ich wünsche, daß das Sams nicht mehr am nächsten Samstag verschwinden muß. Ich wünsche, daß das Sams immer bei mir bleibt! *Er lächelt voller Vorfreude. Verbeugt sich.*

AM SAMSTAG
KAM DAS
SAMS
ZURÜCK

Paul Maar

Am Samstag kam das Sams zurück

Nach dem gleichnamigen Kinderbuch

Personen

Erzähler (auch Musiker)
Herr Taschenbier
Sams
Frau Rotkohl
Herr Mon
Herr Lürcher
Frau des Großwildjägers (im Text vereinfachend: Frau Jäger)
Großwildjäger (im Text: Jäger)
Polizist 1
Polizist 2
Passantin
ein Affe

In der Langfassung zusätzlich:
Herr 1 im Restaurant
Herr 2 im Restaurant
Dame im Restaurant
Oberkellner

(Viele Doppelbesetzungen sind möglich, nur Herr Taschenbier, das Sams, Frau Rotkohl und Herr Mon können keine zweite Rolle spielen.)

Zu den Personen

»Am Samstag kam das Sams zurück« ist der zweite Teil, die Fortsetzung der Sams-Geschichte »Eine Woche voller Samstage«. Die Personen wurden im ersten Teil bereits charakterisiert. Für diejenigen, die das Textbuch zum ersten Teil nicht mehr zur Hand haben, folgt hier eine Kurzcharakterisierung der Hauptfiguren.
Das *Sams* wird im Kinderbuch gleichen Titels beschrieben als kindgroßes, quirliges, geschlechtsloses Wesen mit Trommelbauch,

roten Borstenhaaren, einer Rüsselnase und einem Gesicht voller blauer (Wunsch-)Punkte. Es wird am besten von einer körperlich kleinen Schauspielerin gespielt. Am Ende von »Eine Woche voller Samstage« hat es, als es geht, einen Taucheranzug an. Wenn es jetzt im Teil 2 wiederkommt, wird es diesen Taucheranzug tragen.

Herr *Taschenbier*, im ersten Teil ein sehr angepaßter, schüchterner Büroangestellter, ist durch den Einfluß des Sams mutiger geworden und gesteht sich nun eigene Wünsche zu. Er findet Spaß am Wünschen, tut dies nun im Übermaß, kommt in eine Wunsch-Euphorie und vergißt darüber fast das Sams und seinen Freund Mon.

Herr *Mon* ist ein fanatischer Tierfreund und teilt seine Wohnung mit Hasen, Hamstern, Papageien und allerlei merkwürdigen exotischen Tieren. Er spricht ständig mit seinen Tieren und antwortet stellvertretend für sie. Dadurch hat er sich eine merkwürdige Sprechweise angewöhnt, die er auch im Umgang mit Menschen verwendet.

Frau *Rotkohl* ist Besitzerin eines Einfamilienhauses in Süddeutschland, Herr Taschenbier hat bei ihr ein Zimmer gemietet.

Der *Großwildjäger* und seine *Frau* sind Karikaturen, grotesk übersteigert, was die Kostüme angeht. Er im Tropenhelm, Tropenanzug. Sie, ebenfalls im Safarianzug, schleppt auf dem Rücken die gesamte Ausrüstung mit: einen riesigen Rucksack, an den hundert Sachen angehängt sind, Feldflasche, Spaten, Dosen und Schachteln, Landkarten, ein Fernglas, ein Moskitonetz, mehrere Rollen Strick, mit dem das Sams dann gefesselt wird, ein Kescher, ein Schmetterlingsnetz usw. ...

Die beiden *Polizisten* dürfen ruhig ein bißchen an Stan Laurel und Oliver Hardy erinnern.

Die Figur des *Erzählers* hat auch damit zu tun, daß das Stück auf ein Kinderbuch zurückgeht und seinen eher epischen Charakter nicht verbergen will. Er könnte schwarz gekleidet sein, etwas von einem Zauberer haben. Er hat alle Fäden in der Hand, kennt den Ausgang und Fortgang der Geschichte im voraus, agiert also auf einer anderen Ebene als die handelnden Figuren. Wenn der Darsteller des Erzählers nicht (wie bei der UA) singen und kein Instrument spielen kann, sollte er die ihm zugedachten, gereimten Liedtexte nicht sprechen, da das Reimen eigentlich charakteristisch für das Sams ist und ganz bei ihm bleiben sollte. In diesem Fall könnte er eine möglichst knappe Prosaversion seiner Überleitungstexte erfinden.

Schauplätze

Herrn Taschenbiers Zimmer
Straße vor Herrn Lürchers Haus
Dachboden in Herrn Lürchers Haus
Herrn Lürchers Zimmer
Polizeirevier
Südseeinsel mit Palmen
Straße vor Frau Rotkohls Haus

In der Langfassung zusätzlich:
sehr vornehmes Speiserestaurant

Die Regieanweisungen gehen von einem Theaterraum mit mehreren Spielplätzen aus, die simultan bespielt werden können (so die Situation bei der UA am E.-T.-A.-Hoffmann-Theater in Bamberg). Für andere Bühnenräume lassen sich bestimmt andere Lösungen finden.
Der Papagei muß in doppelter Ausfertigung vorhanden sein, ebenso der Papageienkäfig.
Papagei 1, fest im Käfig sitzend, ist so installiert, daß er beim Reden mit dem Kopf wackeln kann. Papagei 2 ist eine gleich große Handpuppe, sitzt auf dem Fensterbrett und wird von draußen geführt. Der zweite Käfig ist leer, steht in Szene 7 hinter der tief herabgezogenen Tischdecke und kann so problemlos gegen den ersten ausgetauscht werden.

Kurz- und Langfassung

Das vorliegende Stück kann in zwei Fassungen gespielt werden: Die Kurzfassung sieht keine Pause vor. Spieldauer etwa 1 Stunde 10 Minuten.
Die längere Fassung übernimmt die Restaurant-Szene aus dem Kinderbuch. Dadurch wird das Stück etwa 10 Minuten länger und kann wahrscheinlich nicht ohne Pause gespielt werden.
Die Szenen der Kurzfassung sind durchnumeriert. In der Langfassung fällt die gesungene Überleitung des Erzählers am Ende der 6. Szene weg (»So gingen die beiden zum ersten Mal ...«), dafür werden die beiden am Ende dieses Textbuches befindlichen Szenen 7 A und 7 B eingeschoben. In beiden Fassungen geht es dann mit Szene 8 weiter.

1 A. *Erzähler am Klavier. Vor oder neben der Bühne.*

ERZÄHLER *Sprechgesang über Musik*
Erinnert ihr euch? Wir spielten hier
die Geschichte vom Sams und Herrn Taschenbier.
Das Sams kam zu ihm, und er fand das sehr schön,
doch mußte es leider am Schluß wieder gehn.
Spricht Nun wartet Herr Taschenbier schon ganz lange ... *Moll-Akkord* ... wartet ... und wartet. Worauf er wartet? Auf eine ganz bestimmte Woche mit ganz bestimmten Wochentagen. Denn nur dann kann das Sams wiederkommen. Wie diese Woche sein soll? So:
Singt Am Sonntag die Sonne,
am Montag Herr Mon,
am Dienstag der Dienst,
und dann kommt auch schon
am Mittwoch die Mitte
der Woche herbei.
Am Donnerstag Donner,
am Freitag dann frei.
Und kommt dann der Samstag,
was wird da geschehn?!
Herr Taschenbier wird dann
sein Sams wiedersehn!

TASCHENBIER *ist während des Lieds aufgetreten, auf dem Heimweg vom Büro, hat interessiert gelauscht, genickt, singt nun*
Ja, mein Sams wiedersehn.
Und dann wünsch ich mir:
Es soll nie mehr gehn.
Es soll nie mehr gehn!
Taschenbier nickt dem Erzähler noch einmal zu, geht dann schnell ab. Der Erzähler begibt sich zum Vorhang, öffnet ihn: Taschenbiers Zimmer ist leer. Dabei

ERZÄHLER Aber noch ist nicht Samstag, sondern gerade erst mal Montag. Montag nachmittag, 17 Uhr 34, genau gesagt. Um 17

Uhr 35 pflegt Herr Taschenbier immer von der Arbeit zu kommen. *Er blickt auf seine Uhr* Ob er sich heute verspätet?

Es klingelt.

ERZÄHLER Nein. – Das würde auch gar nicht zu Herrn Taschenbier passen!

1. Herrn Taschenbiers Zimmer

TASCHENBIER *noch im Off* Guten Tag, Frau Rotkohl!
ROTKOHL Guten Abend, Herr Taschenbier.

Herr Taschenbier betritt sein Zimmer, blickt sich suchend um, schaut hinter die Tür, den Schrank, hinter die Gardine, sucht nach Herrn Mon. – Kleine durchchoreographierte Szene: Frau Rotkohl ist ihm neugierig gefolgt, geht einige Schritte hinter ihm, im gleichen Takt, guckt neugierig über seine Schultern, ohne daß er es merkt, dreht sich mit ihm, folgt ihm zur Tür zurück. Dabei

TASCHENBIER Mon? ... Niemand ... Auch nicht ... Mon? Nicht da! *Zurück zur Tür, ruft hinaus* Frau Rotkohl?!
ROTKOHL *direkt hinter ihm* Ja, bitte?
TASCHENBIER Da sind Sie! Ist Herr Mon schon da?
ROTKOHL Herr Mon? Nein! Das geht jetzt seit Wochen so: Jeden Montag kommt dieser Mon?!
TASCHENBIER Wenn alles gutgeht, muß er heute zum letzten Mal kommen. Vorausgesetzt, daß es am Donnerstag donnert.
ROTKOHL Wie bitte? Was hat Ihr Freund Mon mit einem Gewitter zu tun?
TASCHENBIER *will antworten, da klingelt es stürmisch. Er rennt aus dem Zimmer, um zu öffnen* Das ist er. Das ist bestimmt Herr Mon!
ROTKOHL Das ist immer noch mein Haus und meine Haustür,

und wenn es klingelt, öffne ich, verstanden!
MON Hallo, Taschenbier, alter Freund, du bekommst gleich was zu tragen.

Taschenbier und Mon kommen ins Zimmer. Taschenbier schleppt einen riesigen Karton, in den jemand Luftlöcher gestochen hat, und einen großen Koffer. Mon trägt einen Käfig mit Papagei und einen Hamsterkäfig.

MON Na, wie geht's? Offensichtlich gut. Und Ihnen, Frau Rotkohl? Auch nicht gerade schlecht, wie man sieht. Können Sie mal den Hamster nehmen? Ja, das geht. Ich muß noch Klärchen und Ännchen aus dem Auto holen. *Er stellt den Papageienkäfig auf den Tisch.*
ROTKOHL Klärchen?
TASCHENBIER Ännchen?
MON Zwei neue Perlhühner. Und paß auf, daß Herr Kules dem Hamster nichts tut!
TASCHENBIER Wer?!
MON Der Papagei. Eigentlich heißt er ja Herkules, aber er spricht seinen Namen etwas merkwürdig aus. Sag doch mal »Guten Tag«!
TASCHENBIER Guten Tag.
MON Doch nicht du, ich meine Herrn Kules! Na?!!
HERR KULES Gutentaaag, Herr Kules!
MON Habt ihr's gehört?! So, ich hole Ännchen und Klärchen.
ROTKOHL Herr Mon, denken Sie vielleicht, ich bin Ihr Hamsterhalter? Nehmen Sie Ihr Tier gefälligst selbst. Im übrigen dulde ich keine Tiere in meinem Haus. Ihre Hühner bleiben, wo sie sind, verstanden! *Sie drückt Herrn Mon den Käfig in die Hand und rauscht aus dem Zimmer.*
MON Deine Frau Vermieterin mag Hamster wohl nicht? Da müßte sie sich eigentlich mit Herrn Kules gut verstehn, der kann auch keine Hamster leiden. – Gibst du mir mal den Koffer? Ja, das tust du, nicht wahr?

TASCHENBIER Der ist aber schwer!

MON Da sind getrocknete Pfannkuchen drin. Nestor ist ganz scharf auf Pfannkuchen, ja, das ist er!

Mon klappt den Koffer auf, holt einige Pfannkuchen heraus, öffnet den Riesenkarton mit den Luftlöchern und wirft sie hinein. Aus dem Karton ein dankbares Knurren, von einem undefinierbaren, aber offensichtlich recht großen Tier, eine Mischung aus Tigerfauchen und Walroßschnauben.

MON Nächste Woche kann ich übrigens erst am Dienstag kommen. Nestor muß am Montag zum Zahnarzt.

TASCHENBIER Nicht am Montag kommen? Es muß aber unbedingt der Montag sein!

MON Warum soll ich eigentlich immer am Montag kommen?

TASCHENBIER *blickt sich vorsichtig um, ob keiner lauscht* Dir kann ich's verraten: Du mußt mich am Montag besuchen, damit am Samstag mein Sams wiederkommt.

MON Sams? Was ist das denn?

TASCHENBIER Ein Sams ist ein Sams. Besser kann ich's dir leider nicht erklären.

MON Und was hab ich mit diesem Sams zu tun?

TASCHENBIER Wenn eine Woche so aussieht, daß am Sonntag die Sonne scheint, dann muß am Montag Herr Mon kommen. Also du! Am Dienstag muß ich Dienst haben, am Mittwoch ist Mitte der Woche, am Donnerstag muß es unbedingt donnern. Verstehst du?

MON Donnerstag Donner, aha. Und dann?

TASCHENBIER Dann nehm ich mir am Freitag frei, und schon kommt am Samstag das Sams. So ist das.

MON Ist das so? Aha, aha. Bin ich also nur ein Mittel zum Zweck? Ja, das bin ich. *Ärgerlich rafft er seine Sachen zusammen, schickt sich an zu gehen* Ich erzähle Herrn Kules immer, wie gut uns mein Freund Taschenbier leiden kann. Daß er uns jede Woche einlädt! Kann er uns überhaupt leiden? Kann er nicht! Er lädt uns nur ein, damit dieses Sams wiederkommt. War das mein letzter Besuch hier? Und ob! Wir gehen.

TASCHENBIER Warte, Mon! Geh doch nicht! Natürlich bist du mein Freund. Nur, wenn du doch sowieso kommst, warum nicht am Montag? So kann ich zwei Fliegen mit einer Klappe schlagen.

MON Unschuldige Fliegen schlagen! Tierquälerei! Komm, Herr Kules, wir gehn, bevor er dich auch noch mit seiner Klappe schlagen will!

TASCHENBIER Aber nein, Mon. Ich hab mich nur saudumm ausgedrückt, ich …

MON Aha! Säue sind also dumm. Gleich wird er behaupten, daß Papageien doof sind! Gehn wir vorher schnell? Wir gehen! *Er geht tatsächlich.*

TASCHENBIER Warte doch! – Es hat keinen Zweck, er ist weg. *Er setzt sich, überlegt* Immerhin war er heute da. Am Montag Herr Mon, das gilt.

ROTKOHL *schaut ins Zimmer* Dieser Besuch wird ins Buch der Rekorde eingehen. Der kürzeste Besuch der Welt: Rein ins Zimmer, raus aus dem Zimmer!

TASCHENBIER Ich fände es schön, wenn Sie auch mal raus aus meinem Zimmer gehn würden. Ich will allein sein.

ROTKOHL Bitte. Wie Sie wollen! *Tür endlich zu.*

TASCHENBIER Der Montag gilt. Dienstag und Mittwoch sind kein Problem. Aber wenn es am Donnerstag wieder nicht donnert? Diese Woche ist meine letzte Chance. Es muß einfach donnern. Aber wie? *Er springt auf* Ich hab's! Das ist die Idee. So muß es gehn!

ERZÄHLER *tritt auf, schließt den Vorhang / oder Blackout. Singt*

Der Donnerstag war wirklich sehr schön:
ein Wetter, um lange spazierenzugehn.
Nur Taschenbier, der beklagte sich bitter:
»Schon wieder mal Sonne und nie ein Gewitter!«
Nun kommt er nach Hause, nun wird man ja sehn:
Was ist denn dran an seinen Ideen?!

2. Herrn Taschenbiers Zimmer

Herr Taschenbier betritt sein Zimmer, hinter ihm Frau Rotkohl, heftig protestierend. In Taschenbiers Zimmer steht ein sehr großes Blech.

ROTKOHL Herr Taschenbier! Herr Taschenbier, heute haben zwei Männer das Zimmer, das ich Ihnen freundlicherweise vermietet habe, mit Blech vollgestellt!

TASCHENBIER Das Blech ist da? Wie schön!

ROTKOHL Schön?! Und was soll das werden?

TASCHENBIER Eine Überraschung.

ROTKOHL Für mich?

TASCHENBIER Ja, auch für Sie. Sie gehen aus dem Zimmer, ja? Und gleich geht es los.

ROTKOHL *geht* Da bin ich aber neugierig! Richtig neugierig.

TASCHENBIER Jaja.

Er blickt sich um: Sie hat das Zimmer verlassen. Hastig öffnet er seine Aktentasche, holt zwei dicke Trommelschlegel heraus. In diesem Moment klopft Frau Rotkohl schon an die Tür. Erschrocken versteckt er die Trommelschlegel wieder.

ROTKOHL *von draußen* Darf ich kommen?

TASCHENBIER Nein, nein. Gleich, Frau Rotkohl, gleich!

ROTKOHL Ich bin schon sooo gespannt!

TASCHENBIER Noch einen Augenblick!

Herr Taschenbier lauscht: Draußen ist es still. Er nimmt die Schlegel und beginnt auf das Blech einzuhämmern, so fest und so laut er kann. Frau Rotkohl stürzt herein.

ROTKOHL Herr Taschenbier! Sind Sie verrückt geworden? Sie machen ja mehr Donner als zwei Gewitter.

TASCHENBIER Mehr Donner?! Frau Rotkohl, Sie sind ein Schatz! Am liebsten würde ich Ihnen einen Kuß geben.

Dieses Angebot ist für Frau Rotkohl noch mehr als das Donnern ein Beweis, daß Herr Taschenbier gerade dabei ist durchzudrehen. Sie weicht zurück.

ROTKOHL Unterstehen Sie sich!

TASCHENBIER *im Singsang*

Donner, Donner, Donner, es hat gedon-don-donnert
an einem Donnerstag …

ROTKOHL Jetzt singt er auch noch! *Sie schiebt ihn vorsichtig zu seinem Bett. Dabei ganz sanft, wie zu einem gefährlichen Irren, den man nicht aufregen darf* Taschenbier, Sie sind etwas überarbeitet, ja? Sie gehen heute gaaanz früh ins Bett, ja? Und morgen, am Freitag, bleiben Sie mal zu Hause, ja?

TASCHENBIER Am Freitag mach ich frei, genau!

Er singt schon wieder

Am Donnerstag, da donnre ich,
am Freitag mach ich frei,
dann kommt vielleicht das Hm-hm-hm
am Samstag hier vorbei!

ROTKOHL Wer kommt vorbei?

TASCHENBIER Das wird eine Überraschung.

ROTKOHL Überraschung? Aber eine angenehmere, wenn ich bitten darf! Schlafen Sie gut, Herr Taschenbier. Gute Nacht!

TASCHENBIER Gute Nacht, Frau Rotkohl, gute Nacht.

3. Straße vor Herrn Lürchers Haus

ERZÄHLER Am Freitag machte Herr Taschenbier wirklich frei.

Und dann kam der Samstag!

Gleich nach dem Frühstück ging Herr Taschenbier zu der Straßenecke, wo er damals das Sams getroffen hatte …

Von links kommt Herr Taschenbier, zögert, schaut sich suchend um. Von rechts tritt Herr Lürcher auf, schiebt gerade seine Mülltonne vor die »Haustür«. Taschenbier stellt sich neben die Mülltonne und wartet, daß Lürcher verschwindet. Er will in die Tonne gucken. Lürcher wartet, daß Taschenbier endlich weitergeht, betrachtet ihn mißtrauisch von der Seite.

LÜRCHER Wollen Sie was von mir?
TASCHENBIER Ich? Nein, nein. Ich warte nur auf jemanden.
LÜRCHER Soso. *Er geht sehr zögernd ab.*

Herr Lürcher blickt aus dem Fenster. (Vielleicht schaut er – hinter einem Vorhang auf einer Leiter stehend – durch einen gemalten, tragbaren Fensterrahmen, um »erste Etage« anzudeuten.) Unter ihm öffnet Taschenbier gerade die Mülltonne und schaut hinein.

TASCHENBIER *in die Tonne* Hallo, Sams? Sams, bist du vielleicht da drinnen?
LÜRCHER He, Sie da unten! Was machen Sie in meiner Mülltonne?!
TASCHENBIER Ich?
LÜRCHER Ja, Sie!
TASCHENBIER Ich ... ich suche jemanden.
LÜRCHER In meiner Mülltonne?
TASCHENBIER Ja, ein Sams. So eine Art Kind, nicht sehr groß ...
LÜRCHER Wollen Sie behaupten, daß ich Kinder in die Mülltonne stopfe?
TASCHENBIER Nein, natürlich nicht.
LÜRCHER Ich beobachte Sie schon lange! Den ganzen Tag lungern Sie vor meinem Haus herum. Ich werde jetzt die Polizei holen!
TASCHENBIER Ich geh ja schon!

Lürcher schaut ihm mißtrauisch nach, bis er gegangen ist. Eine Passantin mit Kinderwagen kommt ihm entgegen. Herr Taschenbier ändert die Gehrichtung, schleicht hinter ihr her, späht in den Kinderwagen: Hat sich da drinnen das Sams versteckt? Er schüttelt enttäuscht den Kopf und wendet sich an den Erzähler, der an ihm vorbeigeht, um die Mülltonne hinter den Vorhang zu rollen.

TASCHENBIER Entschuldigung …

ERZÄHLER *weiß ja, was Taschenbier fragen will* Nein, ich habe auch kein Sams gesehen!

TASCHENBIER Auch kein Sams. Es ist also doch nicht gekommen. Kein Sams. *Geht traurig ab, betritt dann sein Zimmer.*

4. Herrn Taschenbiers Zimmer

TASCHENBIER Es hätte wohl ein echtes Gewitter sein müssen, mit echtem Donner … *Traurig läßt er sich in seinen Stuhl sinken. Der kracht unter ihm zusammen. Taschenbier landet auf dem Fußboden.*

SAMS Hallo, Papa, bist du gefallen? Das tut mir aber leid.

TASCHENBIER Sams?! Sams, bist du da? Wo bist du?

Das Sams hatte unter dem Tisch gesessen, verdeckt durch die tiefhängende Tischdecke. Die Tischplatte ist übrigens entfernt, was der Zuschauer aber nicht sieht, da die Decke straff über den leeren Tischrahmen gezogen ist. Unter dem Tisch, auch verdeckt durch die Decke, steht ein Hocker. Als sich nun das Sams aufrichtet, steht es inmitten des Tischvierecks, die Decke über dem Kopf. Herr Taschenbier geht zu ihm, schlägt die Tischdecke etwas zurück: Nun endlich sieht man das Sams.

TASCHENBIER Das Sams! Mein Sams!

Es klopft an der Tür. Taschenbier läßt die Decke schnell wieder fallen, das Sams kauert sich wieder hin, der Tisch sieht intakt und unberührt aus wie vorher.

ROTKOHL *noch von draußen* Herr Taschenbier? *Sie kommt herein* Mit wem reden Sie eigentlich? Mit mir?
Wissen Sie noch, daß Sie mir für heute eine Überraschung versprochen haben?

TASCHENBIER Eine Überraschung?

Das Sams unter der Decke erhebt sich langsam und stumm, stellt sich nicht nur hin, sondern steigt auch noch unter der Decke auf den Hocker, wächst dadurch übers menschliche Maß hinaus, wirkt wie ein Lakengespenst, das aus einer Gruft entschwebt. Dies geschieht hinter Taschenbiers Rücken, von ihm zunächst unbemerkt. Frau Rotkohl, fast starr vor Schreck, stupst ihn an, macht ihn auf das Schreckliche aufmerksam.

ROTKOHL Taschenbier! Taschenbier, gucken Sie doch! Da! Ein Gespenst, Herr Taschenbier! Schnell! *Sie rennt aus dem Zimmer, wirft die Tür zu.*

SAMS Das war doch eine Überraschung, Papa. Oder?

TASCHENBIER *umarmt erst mal das Sams* Wie schön, daß du wieder da bist! Wenn es auch gleich wieder schrecklich laut anfängt ...

SAMS Ja, schrecklich, wie erschreckend schreckhaft sich Frau Rotkohl anstellt!

TASCHENBIER Und was hast du mit meinem Stuhl angestellt?

SAMS Ich hab ihn nur hingestellt. Vorher hab ich höchstens ein ganz kleines bißchen am Stuhlbein geknabbert.

TASCHENBIER Und die Tischplatte?

SAMS Die hab ich leider aufgegessen, Papa. Den ganzen langen Nachmittag allein hier: Da muß man ja Hunger bekommen!

TASCHENBIER Nicht so schlimm. Ich kann mir ja alles wieder ganz wünschen. Aber erst feiern wir mal Wiedersehn!

SAMS Ich weiß auch schon wie: mit einem Gedicht. Ganz frisch gedichtet!

Im Sprechgesang Das Sams, das aß,
das Sams, das fraß,
weil es so Hunger hatte.
Bein eins vom Stuhl,
Bein zwei vom Stuhl,
Bein drei vom Stuhl,

Bein vier vom Stuhl
und von dem Tisch die Platte …

BEIDE Und von dem Tisch die Platte!

TASCHENBIER So, und jetzt wird gewünscht! Nun hast du ja wieder Wunschpunkte.

SAMS Aber nicht sehr viele. Wünsch vorsichtig, Papa!

TASCHENBIER Ich habe ziemlichen Hunger …

SAMS Da geht's dir wie mir, Papa! *Es macht sich über den Papierkorb her, beißt ihn an.*

TASCHENBIER Deswegen wünsche ich mir – HATSCHI … *Niest heftig.*

SAMS Du wünschst dir hatschi?! Das ist witzig.

TASCHENBIER Hatschi! Ich habe – hatschi – habe mir – hatschi – mir überhaupt nicht – hatschi – nicht »Hatschi« gewünscht – hatschi. Ich mußte doch – hatschi – doch nur niesen – hatschi. *Schnell hält er sich die Nase zu und sagt dabei* Ich wünsche, daß das Niesen sofort aufhört. Na, fein. Es ist weg.

SAMS Wenn du so weitermachst, sind meine Punkte auch bald weg!

TASCHENBIER Ja, bevor dein letzter Punkt weggewünscht ist, muß ich schnell die Wunschmaschine in Gang setzen, die du mir damals dagelassen hast.

SAMS Wo hast du sie denn?

TASCHENBIER Auf dem Dachboden. Hier stand sie nur im Weg. Ich werde uns gleich mal hinaufwünschen.

SAMS Warum gehn wir nicht zu Fuß hoch?

TASCHENBIER Wünschen ist einfach schöner. Paß auf: Ich wünsche, daß wir beide auf dem Dachboden stehn.

Akustischer Akzent. Die beiden verschwinden wie durch Zauberei aus dem Zimmer.

ERZÄHLER Und kaum waren sie aus dem Zimmer verschwunden, standen Herr Taschenbier und das Sams auch schon …

5. Dachboden in Herrn Lürchers Haus

SAMS … auf dem Dachboden!

TASCHENBIER Tatsächlich, es hat geklappt! *Er blickt sich um, verwundert* Seltsam, der Dachboden ist viel größer als sonst. Ich hab doch gar nicht gewünscht, daß er größer sein soll! – Und die Wunschmaschine ist auch nicht da. Sams, sie ist weg!

SAMS Weg? Wirklich weg?

LÜRCHER *noch draußen, vor der geöffneten Bodentür* Hallo? Wer ist da oben?

TASCHENBIER Das war nicht Frau Rotkohl!

SAMS Ganz bestimmt nicht.

LÜRCHER *kommt in den Raum, verblüfft* Ja, was ist denn das? Das ist doch der von der Mülltonne. Was suchen Sie hier oben?!

SAMS Eine Maschine.

TASCHENBIER Wie kommen Sie hierher? Wer sind Sie überhaupt?

LÜRCHER Mein Name ist Lürcher. Und Sie? Was suchen Sie in meinem Haus?

TASCHENBIER In Ihrem Haus?!

LÜRCHER Ja, in meinem Haus!

TASCHENBIER Ach, jetzt begreife ich langsam! Frau Rotkohl hat also heimlich geheiratet, und Sie sind dann Herr Rotkohl gewissermaßen. Deshalb Ihr Haus. Verstehe! Meinen Glückwunsch!

Herr Lürcher weicht vor ihm zurück, rennt vom Dachboden, schlägt die Tür zu, schließt sie von außen mehrmals und gut vernehmlich ab.

TASCHENBIER Einen merkwürdigen Ehemann hat sich Frau Rotkohl da ausgesucht. Schließt uns einfach ein! Was machen wir jetzt?

SAMS Warten. Einfach warten.

TASCHENBIER Warten? Na gut, warten. Frau Rotkohl wird uns schon befreien.

SAMS *singt* Wer wartet hier,
wer wartet hier?
Das Sams
und Papa Taschenbier!
Auf wen denn wohl,
auf wen denn wohl?
Auf die olle Rosenkohl!

Sie sitzen nebeneinander und warten nun stumm. Der Vorhang bleibt geöffnet. Herr Lürcher taucht auf der Straße auf, in großer Eile. Ihm entgegen kommen zwei Streifenpolizisten. Herr Lürcher wendet sich sofort an die beiden.

LÜRCHER Hallo! Hallo, Polizei! – Gut, daß ich Sie treffe. Sie müssen sofort mitkommen. Auf meinem Dachboden sind zwei ganz merkwürdige Typen.
POLIZIST 1 Merkwürdige Typen?
POLIZIST 2 Merkwürdig!
LÜRCHER Der eine hat einen Taucheranzug an, und der andere redet wirr. Er will mich mit einem Rotkohl verheiraten!
POLIZIST 1 Mit einem Rotkohl?
POLIZIST 2 Merkwürdig.
LÜRCHER Ich habe ihn heute morgen schon beobachtet. Er hat ein Kind gesucht.
POLIZIST 1 Kind gesucht, aha!
POLIZIST 2 Und wo?
LÜRCHER In meiner Mülltonne.
POLIZIST 2 Merkwürdig!
LÜRCHER Hier entlang, bitte. Gleich verhaften, diese Typen! Auf der Stelle festnehmen und einsperren!
POLIZIST 1 War denn Ihre Haustüre offen?
LÜRCHER Aber nein! Sonst könnte ja jeder reinspazieren.
POLIZIST 1 Aber die beiden sind oben?
LÜRCHER Sind oben!
POLIZIST 2 Merkwürdig!

POLIZIST 1 Dann wollen wir doch mal nachsehen!

Alle drei gehen ab ins Haus. – Taschenbier und Sams unterbrechen ihr stummes Warten.

TASCHENBIER Wir können doch nicht ewig warten!
SAMS Und wenn wir einfach aus dem Fenster steigen?
TASCHENBIER Viel zu hoch! *Er blickt aus dem Fenster* Da ... da unten fährt ja die Straßenbahn!
SAMS Ist das was Schlimmes?
TASCHENBIER Wir sind ja gar nicht in unserem Haus! Wo sind wir hier?
SAMS Auf einem Dachboden, wie du's gewünscht hast.
TASCHENBIER Ich wollte doch auf unserem Dachboden sein!
SAMS Du mußt genauer wünschen, Papa. Du hast nur gesagt: auf dem Dachboden. Hab ich dir nicht einen besonders schönen, großen Dachboden ausgesucht?
TASCHENBIER Himmel! Was machen wir nur? Wir müssen verschwinden, bevor dieser Lürcher zurück ist. Wir ... wir ...
LÜRCHER *im Off* Hier herauf, bitte!
SAMS *beruhigend, deutet auf einen Wunschpunkt* Guck mal, Papa!
TASCHENBIER Ach so, natürlich, klar. Also: Ich wünsche, daß wir sofort in meinem Zimmer stehen!

Musikalisch-akustischer Akzent: Die beiden verschwinden unverzüglich aus dem Raum. Fast gleichzeitig dreht sich der Schlüssel im Schloß. Die Polizisten öffnen ganz langsam die Tür, Herr Lürcher neben ihnen.

POLIZIST 1 Lassen Sie die Polizei vor.
POLIZIST 2 Zurück!

Die beiden Polizisten stürmen schulmäßig das (leere) Zimmer. Polizist 2 gibt Polizist 1 Feuerschutz, der hechtet in den Raum wie weiland Schimanski.

Polizist 1 Hände hoch!
Polizist 2 Keine Bewegung!

Etwas belämmert stehen sie wieder auf.

Polizist 1 Da ist ja niemand.
Lürcher *drängt sich in den Raum. Höchst vorwurfsvoll zu den Polizisten* Wieso ist denn da niemand?!
Polizist 1 Das fragen wir Sie! Sie holen uns hier hoch, erzählen uns merkwürdige Geschichten ...
Polizist 2 Jawoll!
Polizist 1 ... und niemand ist da. Wissen Sie, was das ist?!
Polizist 2 Ja!
Polizist 1 So? Was denn?
Polizist 2 Merkwürdig!!
Polizist 1 Beamtenverulkung ist das!
Polizist 2 Genau!
Polizist 1 *zu Lürcher* Das kann Sie teuer zu stehen kommen!
Lürcher Aber ich bin doch selbst verulkt worden.
Polizist 2 Merkwürdig ...
Polizist 1 Wollen wir Ihnen noch mal glauben! Aber wehe, es kommt noch einmal vor!
Polizist 2 Wehe!
Lürcher Bestimmt nicht!
Polizist 1 Dann auf Wiedersehn!
Polizist 2 Wiedersehn?
Polizist 1 Vielmehr: Auf Nimmerwiedersehn, verstanden?

Beide gehen schnell ab.

Lürcher *fassungslos* Merkwürdig!
Erzähler *schließt schnell den Vorhang über der Szene* An diesem Samstag hatte Herr Taschenbier erst mal genug vom Wünschen. Aber am Sonntag ... *Er »läutet« auf dem Klavier oder per Tonband die sonntäglichen Kirchenglocken* ... gleich am Sonntag morgen probierte er es doch wieder aus:

6. Herrn Taschenbiers Zimmer

TASCHENBIER *betrachtet zufrieden seinen Stuhl, der wieder vier gerade Beine hat, setzt sich darauf* So, die Beine wären wieder drangewünscht. Und nun wünsche ich, daß mein Tisch wieder eine Platte hat!
SAMS *hebt die Tischdecke hoch* Da ist sie schon!
TASCHENBIER Und jetzt wünsche ich …
SAMS Halt, Papa. Paß auf! Du wünschst und wünschst! Ich hab nicht endlos viele Wunschpunkte, denk daran!
TASCHENBIER Du hast recht. Also wünsche ich, daß die Wunschmaschine hier im Zimmer steht. … Ich wünsche, daß die Wunschmaschine hier in meinem Zimmer steht. … Ich wünsche mir, daß die Wunschmaschine …
SAMS Einmal genügt. Ich bin doch nicht schwerhörig!
TASCHENBIER Aber sie ist nicht da!
SAMS Wieso? Hast du schon gesucht? *Das Sams schaut sich um, guckt in den Schrank oder hinter den Tisch, je nach Bühnenbild* Da steht sie doch! Mitten im Zimmer.
TASCHENBIER Da? Warum steht sie denn nicht auf dem Tisch? Faß mal mit an, das Ding ist schwer.

Sie heben die Maschine auf den Tisch.

SAMS Du mußt eben genauer wünschen, Papa. Du hast gesagt: im Zimmer.
TASCHENBIER *hört gar nicht richtig hin* Jaja. Ich kann's gar nicht erwarten. Gleich zum nächsten Wunschpunkt: Ich wünsche, daß die Maschine einen Hebel hat, mit dem man sie anstellen kann. Wo … wo … wo ist … ach, da ist er ja! Ob ich sie gleich anstellen soll?!
SAMS Ich ahne schon, was du alles anstellst, wenn du sie anstellst!
TASCHENBIER Achtung! *Er legt den Hebel um, ein rotes Licht leuchtet auf* Ein rotes Licht! Was muß ich denn jetzt machen?

SAMS Man schaltet die Maschine ein
und spricht den Wunsch zum Trichter rein.
So einfach ist das. Leicht zu merken, was?

TASCHENBIER *wiederholt* Man schaltet die Maschine ein und spricht den Wunsch zum Trichter rein ... Man schaltet die Maschine ein ... Was könnte ich mir nur wünschen? Daß ich ... hm. Ich weiß was, ich weiß was! Ich wünsche mir ganz viel Geld!

SAMS Wohin? Du mußt sagen wohin!!!

TASCHENBIER *schnell* ... ganz viel Geld in dieses Zimmer hier!

Die Maschine fängt an zu arbeiten, möglichst spektakulär. Teile drehen sich, es summt, brummt, schrillt, knattert und klingelt. Ein zweites Licht blinkt, wenn die Maschine mit einem witzigen Ton ihr Wunschgeschäft beendet.

TASCHENBIER Und jetzt?!?

SAMS Fertig!

TASCHENBIER Ja, aber das Geld? Wo ist das Geld?!

SAMS Hier im Zimmer, wie gewünscht. – Schau: Da liegt ein Fünfmarkstück! Und hier hundert Lire.

TASCHENBIER Ein Dollar!

SAMS Und hier zehn Rubel. Hier ein ... ein was ist das denn?

TASCHENBIER *betrachtet die Münze, liest es ab* Ein Gulden. Was soll ich denn mit einem Gulden?

SAMS Warum? Ist das kein Geld?

TASCHENBIER Ich merke schon: Ich hab wieder mal falsch gewünscht. Aber ich weiß jetzt, was ich sagen muß! Genau! Hör zu, so ist's richtig: Ich wünsche mir ganz viel deutsches Geld ins Zimmer!

Die Maschine »arbeitet«, blinkt und rattert: Ein Pfennigregen ergießt sich über die Bühne. Wenn es aus technischen Gründen nicht vom Bühnenhimmel regnen kann, »fährt« ein Waschkorb voller Pfennige ins Zimmer.

TASCHENBIER Es funktioniert!!! – Aber das sind ja lauter Pfennige! Ich kann doch nicht in einen Laden gehn und mit Pfennigen bezahlen!
SAMS *lacht* Deutsches Geld, Papa!
TASCHENBIER Wieder ungenau gewünscht! Verflixt! – Ich wünsche, daß in meiner Jackentasche hundert neue Hundertmarkscheine stecken.

Die Maschine arbeitet. Taschenbier faßt in die Tasche und zieht ein Bündel Hundertmarkscheine heraus.

TASCHENBIER Na endlich! Mann, ist das viel Geld! Zur Feier des Tages gehn wir beide jetzt ganz groß essen!
SAMS Wie groß willst du uns denn wünschen? Paß auf, daß wir noch durch die Tür passen.
TASCHENBIER Nein, ich meine, daß wir s c h ö n essen gehn!
SAMS Schön essen ist gut! Und gut essen ist schön.
Singt
Heute gehn wir essen,
heute gehn wir aus.
Heute hält uns niemand
und nichts in diesem Haus ...
ROTKOHL *platzt ins Zimmer* Das ist doch die laute Stimme von diesem ... diesem ...
SAMS Sams!
ROTKOHL Hab ich also richtig gehört! Will dieses laute, freche Ding am Ende hier wohnen, Herr Taschenbier?! *Zum Sams* Willst du etwa hierbleiben?!
SAMS Nein, das freche, laute Ding will nicht hierbleiben, sondern in ein Eßlokal gehn ...
ROTKOHL Wie bitte?
SAMS ... und eine Vorspeise essen ...
ROTKOHL Nicht zu glauben!
SAMS ... eine Hauptspeise essen ...
ROTKOHL Das ist der Gipfel!

SAMS … und eine Nachspeise. Dann kommt das laute, freche Ding wieder.

TASCHENBIER Nicht aufregen, Frau Rotkohl! Ich bin ja auch bereit, mehr Miete zu zahlen. Hier nehmen Sie, das wird für diesen Monat reichen! *Drückt Frau Rotkohl ein paar Scheine in die Hand* Komm, Sams, wir gehen! *Geht fröhlich pfeifend mit dem Sams ab.*

ROTKOHL *starrt auf das Geldbündel in ihrer Hand* Aber das sind ja Hundertmarkscheine! Also, ich weiß gar nicht … Danke, Herr Taschenbier, danke! – Danke!

SAMS *guckt noch mal um die Ecke* Nichts zu danken, Frau Rotkohl. Keine Ursache, Frau Blaukohl. Wiedersehn, Frau Grünkohl …

TASCHENBIER *im Off* Komm, Sams!

ERZÄHLER *schließt schnell den Vorhang*

So gingen die beiden zum ersten Mal
zusammen in ein Eßlokal:
Vorspeise, Hauptmahlzeit,
noch ein Gericht!
Das Sams hat's vertragen,
Herr Taschenbier nicht!
Wenn der so viel ißt,
was kann schon draus werden?
Übelkeit, Bauchweh
und Magenbeschwerden!

Er geht zum Vorhang, öffnet ihn, gibt den Blick auf Taschenbier frei. Dabei

Ihm ist ziemlich schlecht,
ihm ist übel. – Und so
geht Taschenbier heute
mal nicht ins Büro.

7. Herrn Taschenbiers Zimmer

Taschenbier liegt bekleidet auf dem Bett, auf dem Bauch mindestens zwei Kissen und eine Wärmflasche. Er macht einen leidenden Eindruck. Das Sams spielt mit dem Wecker, der klingelt plötzlich, das Sams erschrickt.

TASCHENBIER Ruhe bitte! Was soll der Lärm! Ruhe!
SAMS Das bin nicht ich, Papa. Das ist da! *Zeigt auf den Wecker.*
TASCHENBIER Stell den Wecker endlich ab. – Oh, ist mir übel!

Das Sams stellt den Wecker ab, fast gleichzeitig läutet es stürmisch an der Haustür. Herr Taschenbier hält das immer noch für das Weckerklingeln.

TASCHENBIER Hörst du nicht?! Stell ihn ab!
SAMS Das bin ich nicht, Papa. Das ist dort! *Zeigt nach draußen.*
ROTKOHL *von draußen* Herr Taschenbier! Besuch für Sie!

Schon kommt Herr Mon ins Zimmer, schwer bepackt, den Koffer in der einen Hand, einen kleineren Karton als das letzte Mal (auch mit Luftlöchern) unterm Arm, den Papageienkäfig in der andern Hand.

MON Na, mein Junge, staunst du? Das kann man wohl sagen! Hier, halte mal Herrn Kules, ich muß den Koffer abstellen; ja, das muß ich.
Er stellt den Käfig ohne weitere Umstände auf dem liegenden Taschenbier ab, öffnet den Koffer, streut Undefinierbares in den Karton, aus dem auch diesmal ein dankbares Krächzen, Knurren oder Fauchen ertönt: offensichtlich ein anderes, kleineres Tier als beim letzten Besuch. Dabei
Wundert es dich, daß ich heute am Montag gekommen bin? Ganz bestimmt. Ich war letzte Woche recht ärgerlich. Dann habe ich mir gesagt: Kannst du deinen Freund Taschenbier so

hängenlassen? Nein, kannst du nicht! Also bin ich heute gekommen, damit am Samstag dein Sams wiederkommt.

TASCHENBIER *steht auf, nimmt den Käfig in die Hand* Du bist wirklich ein echter Freund! Schön, daß du da bist. Aber das Sams braucht gar nicht mehr zu kommen.

MON Nicht zu kommen? Warum?

SAMS *hatte sich versteckt, taucht überraschend irgendwo auf und erschreckt dadurch Herrn Mon* Weil es schon da ist!

MON Das ist also das Sams, aha.

SAMS Darf ich bei diesem Geier eine Feder auszupfen? Zum Indianerspielen ...

MON *nimmt Herrn Taschenbier schnell den Käfig aus der Hand, hebt ihn hoch, außer Samsens Reichweite* Du wirst dich hüten, ja, das wirst du. Außerdem ist Herr Kules kein Geier, sondern ein Papagei.

SAMS Ein Papageier? Wo hat er denn seine Mamageier?

MON Er hat keine. Herr Kules ist Junggeselle.

SAMS Braucht der wirklich sooo viele Federn?

MON Taschenbier! Soll dein Sams das lassen? Ja, das soll es!

TASCHENBIER Wenn du nicht sofort den Papagei in Ruhe läßt, dann werde ich einfach wünschen ... *Er macht Anstalten, die Wunschmaschine einzuschalten.*

SAMS Nicht dein Magen ist verstimmt, sondern du bist es, Papa! Na, dann such ich mir eben einen anderen Papa ... geier.
Geht ab, singt draußen laut

Der Papageier von Herrn Mon,
der pupst ganz laut ins Telefon ...

MON *völlig erschüttert* Ist das die Höhe? Ja, das ist sie! Das war also dein Sams, und seinetwegen mußte ich jeden Montag kommen. Ist das zu begreifen? Nein, ist es nicht.

TASCHENBIER Du hast einen falschen Eindruck von ihm gekriegt. Es ist nur manchmal so frech ...

MON Frech? Ja, das kann man wohl sagen. *Er stellt den Käfig auf dem Tisch ab, entdeckt dabei die dort stehende Wunschmaschine* Was ist das denn?!

TASCHENBIER Das? *Er eilt zur Tür, lauscht. Frau Rotkohl scheint nicht mitzuhören. Er flüstert* Du darfst es wissen, sonst niemand: Das ist meine Wunschmaschine!

MON Deine Wunschmaschine, wie schön. Was macht man damit? Laß mich raten: Sie macht Musik, ja?

TASCHENBIER Du verstehst nicht: Das ist eine Maschine, die Wünsche erfüllen kann!

MON Machst du wohl Witze? Ja, das machst du.

TASCHENBIER Gibt es irgendwas, das du dir wünschst?

MON Herr Kules kann nur »Gutentaaag, Herr Kules« sagen. Es wäre schön, wenn er ein bißchen mehr reden könnte, ja, das wäre es. Ein Kollege von mir hat einen Papagei, der kann »Mahlzeit« sagen und sogar »Armleuchter«!

TASCHENBIER Du darfst es dir wünschen!

MON Und das funktioniert?

TASCHENBIER *stellt den Hebel um, das rote Licht blinkt* Ja. Man schaltet die Maschine ein und spricht den Wunsch zum Trichter rein.

MON Also, ich wünsche ... Und das geht auch wirklich?

TASCHENBIER Jaja.

MON Ich wünsche ... Ist das auch ganz ungefährlich?

TASCHENBIER Klar. Sprich nur!

MON Also ... Ich wünsche, daß Herr Kules redet!

TASCHENBIER Halt, halt! Nicht so schnell!

Die Maschine »arbeitet« schon.

MON Oh, hab ich was falsch gemacht?!?

TASCHENBIER Du hast nur ungenau gewünscht.

HERR KULES Mein Name ist Hase ich weiß von nichts kommt nichts Genaues weiß man nicht tu das füg auch keinem andernfalls hilf dir selbst so hilft dir Gott lenkt aber der Mensch ärgere dich nicht so sehr sie auch fragen Sie doch mal mir ein Bild dir nur nichts ein oder zwei ...

MON *darüber* Er redet. Er redet wie ein Buch!

Es klopft an der Tür. Taschenbier rennt und holt ein Bettlaken, Kopfkissen o. ä., verhüllt damit die Maschine. Er deutet auf den Papagei im Käfig.

TASCHENBIER Es hat geklopft! Schnell weg mit ihm!

Herr Mon läßt sich von Taschenbiers Geheimniskrämerei und Hektik anstecken, versteckt den Käfig mit Herrn Kules hinter / unter der tiefhängenden Tischdecke. Der Vogel plappert derweilen immer weiter.

HERR KULES Lügen habe kurze Zeit darauf kannst du Gift nehmen Sie noch ein Stückchen Weges ging er mit mir könnt ihr das ja machen Sie sich nichts Neues hier sondern Sie sich doch nicht ab und zu braucht man mal Gras ich am Neckar mal gras ich am rein zufällig habe ich aber nicht wahr oder falsch ...

ROTKOHL *guckt ins Zimmer* Entschuldigung! Aber weil Sie doch gerade die Nachrichten hören, wollte ich mal wissen, ob die Lottozahlen schon dran waren.

TASCHENBIER Nein, nein, das sind keine Nachrichten ...

MON Das klingt nur so!

HERR KULES *unterm Tisch* Wer andern eine Hand wäscht du das Auto fährt heute jemand soll kommen alle mit in die Schule fällt heute aus allen Wolken wenn zwei dasselbe tun ist das nicht reizend wie viele Köche verderben den brei-ten Weg zum Erfolg gehört einfach und noch ein Fach und noch ein Fach und noch ein Fach ...

MON Was soll der Unsinn? Wünsche ich, daß er vernünftig spricht? Ja, das wünsche ich!

Die Wunschmaschine beginnt unter dem Laken zu arbeiten, zu surren und zu blinken.

HERR KULES Habe ich ziemlichen Durst vom vielen Reden? Ja,

das habe ich. Diese Frau, soll sie mir was zu trinken bringen? Ja, das soll sie. Aber schnell!

ROTKOHL *die sich schon fast zurückgezogen hatte, kommt nun doch ins Zimmer* Wie bitte?

MON Still! Ruhig!

ROTKOHL Meinen Sie mich?

MON Nein, nein, den Papagei.

ROTKOHL Papagei?! In meiner Wohnung? Herr Mon, Sie wissen doch: Ich dulde keine Tiere hier. Ich wünsche, daß dieser Vogel sofort aus meinem Haus verschwindet!

Die Maschine unter dem Laken beginnt wieder zu schnurren und zu summen und zu blinken.

TASCHENBIER Um Himmels willen, die Maschine war ja noch an. – Und sie hat gewünscht!

MON Maschine?!

TASCHENBIER *unauffällig-auffällig* Na, die Maschine!

ROTKOHL Was für eine Maschine ist noch an?

TASCHENBIER Maschine?

MON Welche Maschine denn?

ROTKOHL Das frage ich Sie!

TASCHENBIER Ach so! Die ... die Kaffeemaschine!

MON *erleichtert* Ja, ja, die Kaffeemaschine! *Er entdeckt den leeren Käfig* Der Papagei! Der Papagei ist weg! Herr Kules! *Er holt den zweiten, leeren Käfig hinter dem Tisch hervor, hebt ihn anklagend hoch* Man muß ihn gleich suchen, ja, das muß man! *Er stellt den Käfig wieder hinter den Tisch, beginnt im Zimmer zu suchen* Herr Kules?

ROTKOHL Oh, ich habe die Tür offengelassen. Das tut mir aber leid, Herr Mon. Vielleicht ist er ja noch im Flur. – Um Himmels willen! Das Fenster steht offen. Er wird doch nicht weggeflogen sein?

Herr Mon rennt mit Frau Rotkohl nach draußen, den Papagei zu suchen. Herr Taschenbier versucht vergeblich, ihn durch Gesten zurückzuhalten, deutet auf die Wunschmaschine. Herr Mon begreift nicht, ist viel zu aufgeregt.

MON *im Off* Da fliegt er ja!! Herr Kules, komm sofort zurück! Bist du das Fliegen überhaupt noch gewohnt? Nein, bist du nicht!

Erzähler Aber der Papagei denkt nicht daran zurückzukommen!
Erzähler singt, während eine Papageien-Silhouette – an einem Stab geführt oder als Schattenriß o. ä. – über dem oberen Rand des Vorhangs erscheint und »flattert«.
Singt Er flattert so stürmisch,
wedelt und fliegt,
daß er schon bald
einen Muskelkrampf kriegt:
Der rechte Flügel, er wird ihm schwer,
der linke Flügel versagt immer mehr,
er trudelt ... er kreischt ...
er fällt wie ein Stein ...
genau in ein offenes Fenster hinein!
Der Schreck ist vorbei.
Und schon sitzt er frech und fett
dort auf Herrn Lürchers Fensterbrett ...

8. Herrn Lürchers Zimmer

Das Innere eines Zimmers, in der den Zuschauern gegenüber liegenden Wand ein geöffnetes Fenster. Der Papagei sitzt auf dem Fensterbrett (Handpuppe wird von außen geführt, bewegt sich beim Sprechen). Herr Lürcher, auf Stuhl oder Sessel, erblickt den Papagei, erhebt sich, kommt auf den Vogel zu, macht Anstalten, ihn einzufangen.

LÜRCHER Nanu, wer kommt denn da hereingeflattert! Still sitzen bleiben, ganz still! Du bist doch bestimmt irgendwo ausgerissen. Das gibt einen saftigen Finderlohn. Gleich hab ich dich ...

HERR KULES Würden Sie mir bitte erklären, weshalb Sie einfach »du« zu mir sagen? Oder kennen wir uns etwa? Nein, das tun wir nicht. Mein Name ist Herr Kules. Und wer sind Sie?

LÜRCHER I... i... ich heiße Lürcher. Wie ... wieso kannst du denn ... äh ... können Sie denn sprechen?!

HERR KULES Wieso nicht? Sie sprechen doch auch!

LÜRCHER Und wie bist ... äh ... wie sind Sie hierhergekommen?

HERR KULES Wie? Nun, erst bin ich eine langgestreckte Rechtskurve geflogen, dann kam eine doppelt gedrehte Aufwärtsschleife mit gespreizter Flügelschere, ein Dreifachflatterer, dann eine Gleitkurve ...

LÜRCHER Das will ich gar nicht wissen. Ich will wissen, wo du ... äh ... wo Sie herkommen!

HERR KULES Will ich das auch wissen? Ja, das will ich. Ich finde, glaube ich, nicht zurück.

LÜRCHER Wir werden schon herausfinden, wo Ihr Besitzer wohnt. *Halblaut* So ein kluger Papagei ist wertvoll, sehr wertvoll! Normalerweise würde ich ja zur Polizei gehn. Aber die ist ja nicht gut auf mich zu sprechen, nachdem dieser freche Typ im Taucheranzug plötzlich verschwunden war.

HERR KULES Ein schrecklicher Kerl!

LÜRCHER Meinen Sie mich?

HERR KULES Nein, den im Taucheranzug.

LÜRCHER Sie kennen ihn?!!

HERR KULES Ja, und ob!

LÜRCHER Er kennt ihn!!

HERR KULES Er hat mich einen Geier genannt und wollte mir eine Feder ausreißen. Ist das unverschämt? Ja, das ist es!

LÜRCHER Er kennt ihn! Großartig! Jetzt habe ich einen Zeugen. Jetzt kann ich der Polizei beweisen, daß ich nicht gelogen habe! *Er ergreift einen Papierkorb, hält ihn hinter dem Rücken versteckt, nähert sich mit scheinheiliger Freundlichkeit dem Papa-*

gei, lenkt ihn ab, stülpt den Papierkorb über das Tier, läßt den Korb nebst Inhalt auf dem Fensterbrett stehen. Dabei
Ich bin sehr erfreut, Ihre Bekanntschaft gemacht zu haben, Herr Kules, sehr erfreut. Schaun Sie mal, da draußen! Hehe, da hab ich dich, dummer Vogel! Da bleibst du jetzt drinnen, bis die Polizei kommt. Die wird vielleicht staunen! Ich habe einen Zeugen, habe einen Zeugen, einen Zeugen ... *Herr Lürcher verläßt das Zimmer, eilt zur Simultanbühne, zum Polizeirevier.*

9. Polizeirevier

Die beiden Polizisten von Szene 5 sitzen hinter einem Schreibtisch, schauen erstaunt auf, als Lürcher hereingestürmt kommt.

LÜRCHER Ich habe einen Zeugen! Ich habe einen Zeugen, was sagen Sie nun?
POLIZIST 1 Erst mal: Guten Tag.
LÜRCHER Jaja, guten Tag. Herr Kules ist mein Zeuge. Er wird alles bestätigen. Kommen Sie mit!
POLIZIST 2 Merkwürdig.
POLIZIST 1 Wo ist er denn, dieser Herr Kules? Warum haben Sie ihn nicht gleich mitgebracht?
LÜRCHER Er sitzt drüben in meiner Wohnung auf dem Fensterbrett.
POLIZIST 2 Fensterbrett, merkwürdig ...
LÜRCHER Unter dem Papierkorb, genauer gesagt.
POLIZIST 1 Ah ja. Der Zeuge sitzt also auf dem Fensterbrett unter einem Papierkorb ...
LÜRCHER Ganz genau!
POLIZIST 2 Merkwürdig!
POLIZIST 1 Herr Lürcher, ich will Ihnen mal was sagen: Wenn Sie nicht auf der Stelle mit Ihren dummen Witzen aufhören ...

LÜRCHER Ich seh schon, Sie verstehn das falsch. Herr Kules ist doch ein Papagei!

POLIZIST 1 Und dieser Papagei soll bezeugen, daß gestern ein Typ im Taucheranzug auf Ihrem Dachboden nach einer Maschine gesucht hat?

LÜRCHER Ganz genau. Endlich versteht mich hier jemand!

POLIZIST 1 Herr Lürcher, Herr Lürcher, wenn Sie nicht in dreißig Sekunden hier aus dem Polizeirevier verschwunden sind, dann zeige ich Sie nicht nur wegen fortgesetzter Beamtenverulkung an, nein, dann behalte ich Sie gleich hier!

POLIZIST 2 Ja, gleich hier!

LÜRCHER Na bitte, wenn Ihnen nichts an der Wahrheit liegt. Bitte! *Er geht zurück zu seinem Zimmer. Dabei*
Die werden Augen machen, wenn ich mit Herrn Kules wiederkomme! Die werden noch staunen. *Er greift unter den Papierkorb, versucht den Papagei zu fangen, wird immer hektischer in seinen Bewegungen.*

LÜRCHER Komm, komm, wir gehen! – He, wo bist du? Verflixter Vogel! *Schließlich hebt er den Papierkorb ganz hoch: Der Vogel ist verschwunden. Er bekommt einen Tobsuchtsanfall, wirft den Korb aus dem Fenster* Der ist weg! Verschwunden! Einfach weg! Das ist doch zum In-die-Luft-Gehn! Nicht zu fassen! Zum Zahnausreißen! Nicht zu glauben! Zum Haareraufen! Ist denn da Zauberei im Spiel?!

ERZÄHLER Zauberei nicht, aber die Wunschmaschine! Doch das kann Herr Lürcher natürlich nicht wissen ...

10. Herrn Taschenbiers Zimmer

TASCHENBIER *steht allein vor seiner Wunschmaschine* Und dann wünsche ich, daß Herr Kules wieder in seinem Käfig sitzt! *Er beugt sich nach unten und holt den Käfig hinter dem Tisch hoch: Der Vogel sitzt wieder darinnen.*

HERR KULES Wird mir ganz schwindlig, bei diesem Hin und Her? Ja, das wird es! Seeehr witzig! Seeehr, sehr witzig!!

SAMS *kommt vom Spaziergang zurück* Was ist witzig?

TASCHENBIER Hallo, Sams.

SAMS Warum steht denn Herr Mon draußen auf dem Vordach? Und warum steht Frau Rotkohl auf dem Fensterbrett?

TASCHENBIER Oh, suchen die immer noch nach dem Vogel?!

HERR KULES Vogel? Für Sie immer noch Herr Kules!

MON *stürzt ins Zimmer* Ich höre ihn ja. Da ist er ja wieder! Frau Rotkohl, nicht mehr weitersuchen! Er ist wieder da. Ist das nicht wundervoll? Doch, das ist es! – Jetzt aber nach Hause mit ihm, bevor er noch mal verschwindet …

HERR KULES Und zwar schnell. Habe ich Hunger? Ja, das habe ich! Wiiiedersehn. Los. Tempo!

MON *betrachtet mißbilligend den vorlauten Vogel* Ob das gut ist, daß Herr Kules jetzt richtig reden kann? Ich bin mir gar nicht sicher! Auf Wiedersehn, Taschenbier … Wiedersehn, Sams …
Er macht mit dem Käfig einen großen Bogen um das Sams herum, schützt den Vogel vor ihm. Aus dem Karton mit Luftlöchern, der immer noch neben dem Koffer auf dem Boden steht, ertönt Tiergeschrei.
Beinahe hätte ich Moppel vergessen. Macht das die Aufregung? Ja, das macht sie!
Er läßt sich von Taschenbier den Karton reichen, nimmt den Koffer auf, schwankt schwerbepackt mit Käfig, Koffer, Karton aus dem Zimmer, wobei das undefinierbare Tier im Karton klagend ruft und Herr Kules ständig laut kreischt.

HERR KULES Wiiiedersehn … Wiiiedersehn … Wiiiedersehn …

TASCHENBIER *versucht vergeblich, ihm beim Tragen zu helfen* Wiedersehn, Mon. Besuch mich bald wieder. Es muß ja jetzt nicht mehr am Montag sein.

MON *ruft draußen* Wiedersehn, Frau Rotkohl. Und vielen, vielen Dank für Ihre Hilfe. War wirklich sehr freundlich von Ihnen. Ja, das war es!

ROTKOHL *auch im Off* Ist doch gern geschehn, Herr Mon. Wiedersehn, Herr Mon! Wiedersehn, Wiedersehn!

TASCHENBIER *läßt sich aufatmend auf einen Stuhl fallen* Puh, das wäre geschafft. Jetzt haben wir die ganze Zeit für meinen Freund Mon Wünsche erfüllt. Höchste Zeit ...

SAMS ... daß wir was essen!

TASCHENBIER Essen? Nein: wünschen. Jetzt kommen meine Wünsche dran!

SAMS Schon wieder wünschen? Ich wünschte, du würdest ein bißchen weniger wünschen. Paß nur auf, daß du den wichtigsten Wunsch nicht vergißt! Denk daran: Am Freitag muß ich wieder gehn!

TASCHENBIER Jaja, das weiß ich! Das hat doch noch viel Zeit! Es gibt ja noch so viel, was ich gerne möchte. Eine Reise zum Beispiel. Ich würde so gerne mal auf einer Insel sein ... Ich glaube, ich werde uns auf eine Insel wünschen, ja! Auf eine Insel ...

SAMS ... am Nordpol.

TASCHENBIER Doch nicht am Nordpol!

SAMS Das weiß die Maschine aber nicht.

TASCHENBIER Richtig. Diesmal muß ich genauer wünschen. Am besten, ich schreib's mir auf und lese es dann ab. *Schreibt auf* Insel mit Palmen und Sonne und Strand und Sand ...

SAMS *sieht ihm über die Schultern, diktiert* ... und Restau-rant ...

TASCHENBIER *schreibt mit* ... und Restaura... *Streicht es wieder aus* Nein! Eben nicht! Es soll eine einsame Insel sein. Ich weiß genau, wie ich's mir dort wünsche: Ich wünsche, daß wir auf einer Südseeinsel stehen, hier sind die Palmen, da ist das Meer und dort ... *Erschrocken hört er auf zu sprechen. Als er »ich wünsche« sagte, fing nämlich die Wunschmaschine an zu arbeiten. Er begreift, was er angerichtet hat* Halt, nein! Doch nicht jetzt schon! Stopp die Maschine! Neiiiiin!

Taschenbier und das Sams verschwinden unverzüglich aus dem Zimmer. Frau Rotkohl hat den Schrei Taschenbiers gehört, schaut ins Zimmer.

ROTKOHL Haben Sie gerufen, Herr Taschenbier? Merkwürdig! Niemand da. Aber ich habe ihn doch eben rufen hören. Höchst sonderbar! *Sie schließt die Tür wieder.*

ERZÄHLER Und in genau siebzehntausenddreihundertvierundachtzig Kilometern Entfernung auf einer Palmeninsel in der Südsee:

Südseemusik, Hawaii-Gitarren (?).

11. Südseeinsel mit Palmen

Herr Taschenbier sitzt völlig verzweifelt unter einer Palme, das Sams freut sich über die neue Umgebung, spielt mit einer Kokosnuß oder beißt in eine Banane.

SAMS Schön hier, Papa. Ganz wie du es dir gewünscht hast!
TASCHENBIER Was machen wir nur? Das ist ja schrecklich!
SAMS Warum? Was gefällt dir denn nicht?
TASCHENBIER Wir kommen nie mehr zurück! Die Wunschmaschine steht zu Hause auf dem Tisch. Jetzt müssen wir für immer hierbleiben!
SAMS Erst willst du unbedingt auf die Insel, dann sitzt du da und jammerst.
TASCHENBIER Ich wollte ein bißchen Urlaub machen, nicht den Rest meiner Tage hier verbringen. Schrecklich! Wo sollen wir nur schlafen?
SAMS Ganz einfach: Wir bauen uns eine Hütte aus Palmzweigen. Hier ist es ja warm.
TASCHENBIER Das kann man wohl sagen! *Er zieht die Jacke aus, öffnet den Hemdkragen, wischt sich den Schweiß mit dem Taschentuch ab* Und was sollen wir essen?
SAMS Kokosnüsse, Ananas und Bananen.
TASCHENBIER Und was trinken wir?!

Sams Wasser. Klares Quellwasser.

Taschenbier So! Und was mache ich, wenn ich mal krank werde?! Na, jetzt weißt du keine Antwort mehr!

Sams Doch. Dann gehst du in ein Krankenhaus.

Taschenbier Krankenhaus! Wo soll denn ein Krankenhaus sein?!

Sams Ecke Ludwigstraße und Wilhelmstraße.

Taschenbier Und wie sollte ich da hinkommen?! – Ich bin verzweifelt, und du machst Witze!

Sams *lacht* Aber Papa, schau doch mal mein Gesicht genau an!

Taschenbier Dein Gesicht? Natürlich! Da hast du ja noch einen blauen Wunschpunkt!

Sams Eben. Dann wünsch uns mal schnell zurück in dein Zimmer.

Taschenbier Das ist jetzt nicht mehr eilig. Nun bleib ich gern ein paar Tage hier und mache Urlaub. – Erst baun wir uns eine Hütte …

Sams … und essen eine Ananas …

Taschenbier … und suchen uns eine Quelle …

Sams … und essen eine Kokosnuß …

Taschenbier … dann legen wir uns in den Schatten …

Sams … und essen eine Banane …

Taschenbier Außer Essen fällt dir wohl nichts ein?

Sams Doch Papa: Singen!

Singt Ach, wie schön, ganz allein
auf 'ner Insel zu sein!
Sonne und Sand,
Wasser und Meer –
mehr brauche ich nicht,
hier gefällt es mir sehr.

Taschenbier Nicht nur dir gefällt es hier!

Sams Na gut, sing ich's eben so:

Singt Mehr brauchen wir nicht,
hier gefällt es uns sehr!

Taschenbier So stimmt es!

Erzähler *tritt auf, betrachtet den lässig hingestreckten Taschenbier* Und so verging der erste Tag auf der Insel. Es wurde Abend … die Nacht kam, die Sterne leuchteten viel heller als bei uns … und es wurde wieder Morgen …

Das Licht wird weggezogen, während der Erzähler spricht. Nachtstimmung. Im Dunklen evtl. schneller Umbau: Eine Palmwedelhütte wird hereingeschoben, dann Tagstimmung. Taschenbier und Sams liegen immer noch faul und entspannt im »Sand«, hinter / neben sich eine Ananas und Bananen. Das Sams ißt eine Banane.

Sams *singt mit vollem Mund*

Ach, wie schön, ganz allein
auf 'ner Insel zu sein …

Ein Affe erscheint, von den beiden unbemerkt, klaut die Ananas, macht sich damit davon.

Erzähler So ganz allein scheinen die beiden ja nicht zu sein …

Taschenbier *greift hinter sich, will die Ananas verspeisen, findet sie nicht* He, du kannst mir nicht die Ananas wegessen, die hab ich mir gepflückt!

Sams Ich hab deine Ananas nicht gegessen. Ich mag sowieso lieber Bananen.

Taschenbier Hm. Muß ich sie wohl selber gegessen haben …

Während die beiden reden, hat der Affe unbemerkt die Bananen gestohlen.

Sams Du kannst ja eine von meinen Bananen abhaben. He, hast du meine Bananen gegessen?

Taschenbier Nein, hab ich nicht. Ich mag sowieso lieber Ananas.

Sams Dann hat sie wohl wieder einer von diesen Affen geklaut! Und was machen wir jetzt?

Taschenbier Wir sammeln einfach neue.

Sams Neue Affen?!

Taschenbier Nein, neue Früchte!

Sams Stimmt. Gehst du?

Taschenbier Keine Lust, viel zu faul.

Sams Auch keine Lust. Bin noch viel fauler.

Taschenbier Da gibt's nur eins: Wir sammeln zusammen!

Sams Sehr gut. Wir werden die Früchte zusammensammeln. Wir sammeln gewissermaßeln zusammeln.

Taschenbier *schon im Off* Oder noch besser: Einer sammelt, und der andere paßt auf, daß die Affen nicht wieder alles klauen und wegholen.

Sams *singt*

Wenn sie alles klauen, werden sie verhauen,
wenn sie alles holen, werd ich sie versohlen ...

Erzähler Aber leider gibt es nicht nur Affen auf dieser Insel, sondern auch jemanden, der sie jagen will. Einen ziemlich affigen Affenfänger ... *Er deutet auf den Großwildjäger und dessen Frau.*

Jäger Elvira, wie oft hab ich dir schon gesagt, daß du nicht vor mir gehn sollst. Der Großwildjäger geht immer voraus, merk dir das endlich. Wenn jetzt ein Löwe aus dem Wald käme, würdest du genau im Schußfeld stehn.

Frau Jäger Seit wann gibt's in der Südsee Löwen?!

Jäger Dann eben ein Affe.

Frau Jäger Du willst doch nicht etwa Affen erlegen?!

Jäger Was heißt »erlegen«! Das ist schließlich ein Betäubungsgewehr. Fangen, Elvira, fangen!

Frau Jäger Und was willst du mit einem gefangenen Affen anfangen?

Jäger Dem Zoo stiften. Was sollen unsere Bekannten zu Hause denken, wenn wir ohne Beute kommen. Bei der Ausrüstung, die wir mitschleppen!

FRAU JÄGER Hast du gesagt, die wir schleppen?!
JÄGER Naja, dann eben du. Schließlich muß ich die Hände frei haben, wenn ... Pssst! Ruhig!
FRAU JÄGER Ich sag doch gar nichts.
JÄGER Da bewegt sich was!
FRAU JÄGER Wo?
JÄGER Dort hinter dem Busch!
FRAU JÄGER Ist das ein Schwein?
JÄGER Nein, kein Schwein!
FRAU JÄGER Es hat aber einen Rüssel!
JÄGER Rüssel? Tatsächlich! Es frißt aber Bananen wie ein Affe. – Außerordentlich. Eine Mischung aus Affe und Schwein. Ein Affenschwein oder Schweineaffe. Elvira, ich werde berühmt! Klaus-Dieter Kleemann, der Entdecker des Affenschweins!
FRAU JÄGER Klaus-Dieter, da ist aber noch wer! Klaus-Dieter, das Ding gehört schon jemand. Das ist zahm.

Inzwischen sieht auch der Zuschauer, von wem die beiden sprechen: Der Kopf des Sams taucht hinter einem Busch oder hinter der Palmwedelhütte auf, neben ihm Herr Taschenbier mit zerzaustem Haarschopf. Die Brille hat er abgelegt oder eingesteckt.

FRAU JÄGER Das ist bestimmt ein Ureinwohner der Insel.
JÄGER Vielleicht verkauft er mir das Vieh. Für den Zoo, verstehst du?
FRAU JÄGER Frag ihn doch einfach mal!
JÄGER Bleib du hier und versteck dich. Man weiß nicht, ob die Inselbewohner friedlich sind. Wie rede ich den nur an? *Er geht auf Taschenbier zu, bleibt dann stehen, spricht ihn aus sicherer Entfernung an* Hello, du! Hey, you! Du verstehn?
TASCHENBIER Wer? Ich??!
JÄGER Ich gut Freund, verstehn? Gut friend! Yes, yes!
TASCHENBIER *zum Sams* Das scheint ein Ausländer zu sein. Was er wohl will?
JÄGER You mir verkaufen Tier? Wauwau, verstehn? Schwein da!

Er imitiert Schweinegrunzen.

TASCHENBIER *zum Sams* Versteht du, was er will? Er grunzt wie ein Schwein.

JÄGER Gut Geld, versteh you? Deutschgeld! Deutschgeld gut Geld.

TASCHENBIER Ich glaube, er will Geld von mir. *Laut* Moment! *Halblaut zum Sams* Wo ist denn meine Jacke?

Das Sams reicht ihm die Jacke, er zieht sie übers Unterhemd, geht auf den Jäger zu.

JÄGER *weicht ängstlich einen Schritt zurück* Ich Freund, verstehn? Geld, gut Geld!

TASCHENBIER Jetzt werden Sie doch nicht ungeduldig. Hier haben Sie ja Geld ... Mehr hab ich im Moment nicht einstecken können, ich muß mir erst neues wünschen – äh: holen.

Er reicht ihm einige Hundertmarkscheine. Der Jäger nimmt das Geld nicht an, dreht sich um und rennt einfach weg.

JÄGER Oh, entschuldigen Sie ... Verzeihung ... Das ist ein Irrtum ... Wiedersehn ...

TASCHENBIER Seltsamer Mensch! Erst bettelt er um Geld, dann rennt er weg. Dabei kann er mit deutschem Geld sowieso nichts anfangen, hier in der Südsee ...

SAMS Laß ihn, Papa. Komm, wir holen uns was zu trinken!

Sie ziehen sich hinters Gebüsch zurück.

JÄGER *mit seiner Frau im Versteck* Hast du das gehört, Elvira, hast du das gehört? Der spricht deutsch und wollte mir Hundertmarkscheine schenken! Der denkt nicht daran, mir das Tier zu verkaufen, der will den Entdeckerruhm für sich allein haben. Wir müssen ihm das Tier stehlen.

FRAU JÄGER Stehlen? Bist du verrückt? Ohne mich!

JÄGER Denk an den Ruhm, Elvira! Wir fangen es, stecken es in einen großen Sack – und ab damit ins Motorboot und nichts wie weg!

FRAU JÄGER Und was sagt sein Besitzer dazu?

JÄGER Der wird abgelenkt. Gib den Rucksack her! Hier ist der große Sack und ein dicker Strick, sehr gut. So, nun lenk ihn ab! Fang schon an, lenk ihn ab! *Er geht mit zusammengerolltem Sack und dem Strick ab.*

FRAU JÄGER *ruft hinter ihm her* Ablenken? Wie denn? Was soll ich denn machen? Nein, ich kann nicht. Und ich will das nicht! Hörst du, das tu ich nicht! *Sie will ihrem Mann nachlaufen, stürzt und verstaucht sich das Bein* Aua, mein Bein! Klaus-Dieter, ich hab mir das Bein verstaucht!

TASCHENBIER *sein Kopf taucht hinter einem Busch auf* Da ruft doch jemand!

SAMS Ich hör nichts!

FRAU JÄGER Au, mein Bein!

TASCHENBIER Doch, da ruft jemand! *Er verläßt die Hütte, kommt von der Bühne, geht in Richtung der Hilferufe, erblickt die Frau, spricht sie an* Hallo, wer sind Sie denn?! Wo kommen Sie auf einmal her? Ist was passiert?

FRAU JÄGER Ja, ich bin gestürzt. Mein Bein!

TASCHENBIER Vielleicht hilft ein kühler Umschlag. Da hinten ist unsere Quelle. Darf ich Ihnen meinen Arm anbieten?

FRAU JÄGER Das ist aber sehr freundlich von Ihnen. Jetzt bin ich doppelt froh, daß ich nicht getan habe, was mein Mann gesagt hat …

TASCHENBIER So? Was hat er denn gesagt?

FRAU JÄGER Ich sollte Sie ablenken!

TASCHENBIER Ablenken? Wäre das so schlimm?

FRAU JÄGER Ja. Weil Sie doch so freundlich sind …

Inzwischen sind die beiden hinter der Dekoration verschwunden. Gleichzeitig taucht neben der Palmwedelhütte (oder neben dem Gebüsch, hinter dem das Sams seinen Kopf hervorgestreckt hatte) der Großwildjäger auf. Er legt den Sack griffbereit neben sich ab, formt aus dem Strick eine Art Lasso. Er grunzt wie ein Schwein, um das Affenschwein anzulocken. Das Sams erscheint irgendwo hinter ihm, kommt neugierig näher, steht hinter ihm, ohne daß er's bemerkt, guckt interessiert zu.

SAMS Bist du ein Schwein oder suchst du eines?

JÄGER *nachdem er sich von seinem Schreck erholt hat* Du kannst auch noch reden! Und hast sogar Kleider an! Phantastisch!

SAMS *guckt an sich herunter* Kleider?!? Was für Kleider?

JÄGER *wirft dem Sams schnell den Strick über Schulter und Arme, zieht ihn zu, verschnürt das Sams bis zu den Füßen, greift dann zum Sack, um ihn über das Sams zu stülpen. Dabei ruft er* Elvira, ich hab das Affenschwein! Ich hab es! Komm schnell, ich hab es!

Der Erzähler hat möglicherweise die Gefangennahme des Sams auf dem Klavier musikalisch untermalt (sich dramatisch steigernde Musik wie im Stummfilm), beendet jäh die Musik: Die beiden auf der Bühne erstarren in ihren Bewegungen, das Bild wird eingefroren.

ERZÄHLER Hier, an dieser Stelle, müssen wir die Geschichte ganz kurz mal anhalten! *Er schließt schnell den Vorhang über dem Südseebild* Denn nun muß unbedingt erzählt werden, was gleichzeitig zu Hause in Herrn Taschenbiers Zimmer geschieht!

Es klingelt stürmisch an der Haustür. Vorhang auf oder Licht an.

12. Herrn Taschenbiers Zimmer

ROTKOHL *im Off* Ich komm ja schon! Jaaa! Nicht so stürmisch! – Ach, Sie sind's, Herr Mon. Einen schönen guten Tag! *Sie geleitet Herrn Mon ins Zimmer. Mon diesmal ohne Papagei, allerdings mit Koffer und Karton, wie üblich.* Herr Taschenbier ist aber nicht da.

MON Nicht da?

ROTKOHL Ja, stellen Sie sich vor: Er ist spurlos verschwunden. Ich überlege schon, ob ich die Polizei anrufen soll ...

MON Polizei? Ist das nötig? Nein, bestimmt nicht. Wahrscheinlich kommt er bald zurück. Am besten, ich warte hier auf ihn.

ROTKOHL Ich kann uns ja ein Täßchen Kaffee kochen, wenn Sie möchten ...

MON Ist das eine gute Idee? Ja, ganz ausgezeichnet.

Sie zieht sich zurück. Herr Mon geht zur Wunschmaschine, sieht seinen Verdacht bestätigt.

MON Das Licht leuchtet noch. Startbereit. Hm. Hm, hm, hm. Taschenbier ist weg, sein Sams auch. Die werden doch nicht aus Versehen irgendwas Schlimmes gewünscht haben?! Ob ich einen von ihnen mal herwünsche? Ja, das werde ich. Aber wen? Hm, hm, hm, hm. *Er zählt an den Knöpfen der Maschine ab* Taschenbier – Sams – Taschenbier – Sams – Taschenbier – Sams ... Das Sams also. Ob ich es hier ins Zimmer wünsche? Nein, nein. Was sagt da Frau Rotkohl, wenn sie dazukommt? Ich werde es vor die Haustür wünschen. Ist das eine gute Idee? Ja, das ist es. Ausgezeichnet. Vor die Haustür! Werde ich das? ...

ERZÄHLER ... Ja, das wird er!

Er schließt den Vorhang über dem Zimmer-Bild (oder schnippt mit den Fingern, worauf das Licht über dieser Szene ausgeht) und öffnet den anderen vor dem Südsee-Bild. Dabei

13. Südseeinsel mit Palmen

ERZÄHLER Gleichzeitig, auf der Südseeinsel:

Der Jäger hat das Sams inzwischen in den Sack gesteckt. Man sieht nur noch den wackelnden und zappelnden Sack. Er bindet ihn gerade zu.

JÄGER Elvira! Komm doch endlich! Komm schnell!
SAMS Papa! Komm schnell!
JÄGER Ich hab es! Schnell!
SAMS Er hat mich! Schnell! Papa, der hat mich in den Sack gestopft! Schnell!

Herr Taschenbier kommt angestürzt. Weiter hinter ihm humpelt die Frau des Jägers.

TASCHENBIER Was ist denn hier los? Lassen Sie sofort das Sams da raus. Was fällt Ihnen ein!
JÄGER He, bleiben Sie mir vom Leib! Weg da! Elvira, das Gewehr! Das ist mein Affenschwein, ich hab es gefangen. Elvira! *Er rennt zu seiner Frau, will ihr das Gewehr entwinden; sie weigert sich, es ihm zu übergeben.*
TASCHENBIER Sams! Bist du da drinnen?
SAMS Ja, laß mich raus! Schnell!
TASCHENBIER Ich weiß was Besseres. Hör zu: Ich wünsche, daß wir sofort zu Hause in meinem Zimmer stehn!

Mit dem üblichen Musik-/Geräusch-/Lichtakzent werden Taschenbier und Sams unverzüglich von der Bühne gezaubert. Der Jäger ist inzwischen da eingetroffen, wo vor Sekunden noch der Sack mit dem Sams stand. Er ist völlig verdattert.

JÄGER Was??? Weg! Einfach weg! Das kann doch nicht wahr sein! *In rasender Hast durchwühlt er die unmittelbare Umgebung, die Palmwedelhütte, schleudert alles zur Seite, immer erregter* Bin ich verrückt? Die können sich doch nicht einfach in Luft auflösen! Weg, weg! Ich muß verrückt sein. Übergeschnappt!

FRAU JÄGER Komm mit, Klaus-Dieter! Wir fahren am besten gleich nach Hause!

JÄGER Nach Hause, ja ... Weg! Einfach verschwunden! Einfach weg ...

Er läßt sich von seiner Frau von der Bühne führen; der Erzähler schließt den Vorhang, wendet sich zum anderen Teil der Bühne.

14. Herrn Taschenbiers Zimmer

Noch bei geschlossenem Vorhang hört man den erstaunten Aufschrei von Herrn Mon und seinen Ausruf

MON Taschenbier, wo kommst du denn plötzlich her? Ist das erstaunlich? Ja, das ist es. Und wie!

Der Erzähler öffnet den Vorhang. Herr Taschenbier steht mitten im Zimmer, neben ihm der Sack, in dem scheinbar das Sams steckt. In Wirklichkeit hat sich die Darstellerin des Sams schon daraus befreit, hat den leeren Sack mit von der Bühne genommen. Der zweite, getürkte Sack wird von Taschenbier so gehalten und leicht bewegt, daß beim Zuschauer der Eindruck entstehen muß, das Sams befinde sich noch darinnen.

TASCHENBIER Hallo, Mon. Du bist da? Da staunst du, was?! *Zum Sack gewandt* Nur noch einen Augenblick, Sams! Gleich hab ich den Strick auf! *Zu Herrn Mon* Hilf mir doch mal! Da ist das Sams drin!

MON Da drin? Aber ich hab es doch vor die Haustür gewünscht!

SAMS *kommt in diesem Moment durch die Zimmertür* He, was

ist denn los, warum steh ich auf einmal draußen vor der Haustür, du hast uns doch ins Zim ... au! ... oh, was ist denn! Ooooohhh ...

Eine unsichtbare Macht, gegen die das Sams vergebens ankämpft, zieht es wieder aus dem Zimmer. Herr Taschenbier schaut perplex auf den Sack vor ihm und auf die Tür, versteht erst mal gar nichts.

TASCHENBIER Aber Sams, wie kannst du denn gleichzeitig hier im Sack und draußen vor der Tür ... HALT! Sams, bleib doch hier!

Der Sack wird hinausgezaubert, verschwindet spurlos. Herr Taschenbier versucht vergeblich, den Sack mit dem Sams aufzuhalten.

TASCHENBIER Halt! Sams!!!

Während der Sack verschwindet, kommt das Sams schon wieder durch die Tür ins Zimmer.

SAMS Was ist denn nur los! Aua! Nein! Halt mich fest! Halt mich fest, Papa! Es zieht mich schon wieder vor die Haustür! Stellt schnell die Maschine aus, schnell!

Herr Taschenbier rennt zum Sams, umklammert es, versucht es festzuhalten, beide werden immer näher zur Tür »gezogen«. Mon versucht vergeblich, die Maschine abzustellen.

MON Wo stellt man dieses Ding aus? Ich find den Hebel nicht!

An der Maschine fängt ein blaues Licht an zu blinken, sie gibt gefährliche Geräusche von sich.

SAMS Das blaue Licht! Vorsicht! Da kämpfen zwei Wünsche gegeneinander. Entweder ist die Maschine stärker oder ich. Einer geht dabei kaputt.

TASCHENBIER Warum denn? Was ist hier los?

SAMS Zwei Wünsche gleichzeitig. Zwei, die sich ausschließen. Ich kann doch nicht gleichzeitig vor der Haustür und im Zimmer stehn. Oh, mir ist furchtbar schlecht!
Es sinkt in Herrn Taschenbiers Arm zu Boden, er versucht vergeblich, es zu stützen.

TASCHENBIER Um Himmels willen! Wie kann ich dir nur helfen?!

SAMS Wasser! Ein kaltes Tuch! Mir ist so heiß, so furchtbar heiß!

MON Die Maschine wird auch ganz heiß. Fängt sie an zu glühen? Ja, das tut sie!

TASCHENBIER Laß doch die dumme Maschine! Wichtig ist nur das Sams. Bring mir einen feuchten Lappen! Schnell!!

MON Feuchten Lappen? Ja, den bringe ich! *Er rennt weg.*

TASCHENBIER Sams, du glühst ja! Du hast ja mindestens 40 Grad Fieber! Mon! Schnell!

MON Hier! Triefend naß!

Taschenbier legt dem Sams ein nasses Handtuch auf die Stirn, gleichzeitig »explodiert« die Maschine mit großem Krach in einer Trockeneiswolke.

SAMS Gewonnen! Die Maschine ist durchgebrannt! *Es sinkt in Ohnmacht.*

TASCHENBIER Einen Arzt! Wir müssen einen Arzt holen! Was tun wir nur mit dir?!

SAMS Nichts. Ich bin müde. Ich will schlafen. Gute Nacht. *Es schläft auf der Stelle ein.*

TASCHENBIER Komm, wir tragen es in mein Bett! *Zusammen mit Mon trägt er das Sams zum Bett, legt es darauf. Dabei* Verstehst du eigentlich, was passiert ist? Es spricht immer von zwei Wünschen. Aber ich habe doch nur einmal gewünscht!

MON Was, du auch? Wie konntest du denn wünschen? Du hattest doch gar keine Wunschmaschine!

TASCHENBIER Auch?! Hast du etwa an meiner Wunschmaschine herumgewünscht?!

MON Ob ich gewünscht habe? Ja, das habe ich. Ich hab dein Sams vor die Haustür gewünscht.

TASCHENBIER Bist du von allen guten Geistern verlassen? Du kannst dich doch nicht vor meine Maschine stellen und einfach drauflos wünschen!

MON Kann ich denn ahnen, daß du ohne Wunschmaschine wünschen kannst? Kann ich nicht! Ich wollte dir nur helfen!

TASCHENBIER Wieso gehst du überhaupt in mein Zimmer, wenn ich nicht da bin?

MON Ich kann aus deinem Zimmer gehn, wenn du mich nicht willst, ja, das kann ich. Auf der Stelle!

SAMS Könnt ihr nicht ein bißchen leiser streiten?

TASCHENBIER Da siehst du es: Jetzt hast du das Sams aufgeweckt mit deinem Geschrei!

MON Ist das ungerecht? Ja, und wie! Er schreit, und ich soll das Sams aufgeweckt haben. Siehst du mich noch einmal in diesem Zimmer? Nein, niemals! *Er rafft Koffer und Karton zusammen, geht zur Tür.*

TASCHENBIER Warte, Mon. So hab ich's nicht gemeint. Ich war nur so furchtbar aufgeregt …

ROTKOHL *kommt ins Zimmer* Herr Mon, Ihr Kaffee ist ferti… Aber, wieso ist denn Herr Taschenbier auf einmal hier? Was …

MON *rauscht an ihr vorbei, durch die Tür. Dabei* Zu spät, Frau Rotkohl. Vielen Dank, aber ich gehe.

Mon und Rotkohl gehen ab.

TASCHENBIER Mon! – Der kommt nicht wieder … *Er versucht, die Maschine anzustellen, merkt schnell, daß es zwecklos ist* Und die Maschine ist auch kaputt. Alles läuft schief! *Er setzt sich zum Sams aufs Bett* Wie gut, daß wenigstens dem Sams nichts passiert ist!

Der Erzähler schließt behutsam den Vorhang.

15. Herrn Taschenbiers Zimmer

ERZÄHLER Am nächsten Morgen schien es dem Sams schon ein klein, klein wenig besser zu gehn ...

SAMS *singt entsetzlich laut und falsch hinter dem Vorhang*

Hiermit gibt das Sams bekannt:
Die Wunschmaschine riecht verbrannt.
Sie kann nicht mehr blinken,
sie kann nur noch stinken.

Der Erzähler öffnet den Vorhang. Das Sams steht auf dem Tisch und untersucht die Maschine. Taschenbier, der die Nacht angezogen auf dem Stuhl verbracht hat, um das kranke Sams nicht zu stören, dehnt und räkelt sich, gähnt.

TASCHENBIER Guten Morgen, Sams. Dir geht's also wieder gut, wie man hört. Und der Maschine?

SAMS Die ist hin, Papa. Völlig kaputt. Die kannst du auf den Schrottplatz werfen.

TASCHENBIER *bestürzt* Ganz kaputt?! Wie soll ich mir dann wünschen, daß du hierbleibst?! Diese doofe Maschine. Was hat sie mir nun eigentlich gebracht? Nichts, rein gar nichts. Kein Haus, kein Auto, und das Geld ist auch weg ...

SAMS Vielleicht hast du falsch gewünscht, Papa.

TASCHENBIER Falsch? Das kann schon sein. Wenn ich mir gewünscht hätte, daß ich besonders mutig bin oder klug, wäre ich's jetzt noch, auch ohne Maschine. Oder daß ich Freunde hätte, viele Freunde. Jetzt ist es zu spät ...

SAMS Warum denn zu spät?

Wünscht man was ganz stark und fest,
geht's auch ohne Wunschmaschine.
Selbst ein Schwein lernt Violine,
wenn es nur nicht lockerläßt.

TASCHENBIER Du machst immer nur Witze!

SAMS Nein, Papa. Das ist kein Witz. Was würdest du denn wünschen, wenn die Maschine nicht kaputt wäre?

TASCHENBIER Zuerst, daß du nicht wieder gehn mußt und immer bei mir bleibst.

SAMS Auch ohne Wunschpunkte?

TASCHENBIER Natürlich.

SAMS Und was würdest du dir sonst noch wünschen?

TASCHENBIER Daß mein Freund Mon nicht mehr böse auf mich ist und bald wieder zu Besuch kommt. Das wäre mein zweitgrößter Wunsch. Er ist der einzige Freund, den ich habe.

SAMS Das Wünschen nützt aber nichts, ohne Wunschmaschine.

TASCHENBIER Ja, leider.

SAMS Und warum gehst du nicht einfach zu deinem Freund Mon und erklärst ihm, daß dir alles leid tut und daß er mal wieder zu Besuch kommen soll?!

TASCHENBIER Ja, warum eigentlich nicht! Wir werden uns bei Herrn Mon entschuldigen. Komm mit!

SAMS Wir?! Na gut, dann entschuldigen wir uns mal!

Hand in Hand gehen die beiden aus dem Zimmer, tauchen gleich darauf vor dem Zwischenvorhang auf.

16. Straße vor Frau Rotkohls Haus

SAMS Weißt du denn, wo dein Freund Mon wohnt?

TASCHENBIER So ungefähr … Ich glaube, da geht's lang. – Oder hier?

Unschlüssig stehen sie da, gucken um die Hausecke. Währenddessen tritt Lürcher auf der anderen Seite auf, bleibt wie vom Donner gerührt stehen, als er die beiden entdeckt.

LÜRCHER Aber das sind doch die beiden!!! He, hallo, Polizei! *Er korrigiert sich schnell, hält sich die Hand vor den Mund* Halt, nein! Die zwei werden mich nicht noch mal reinlegen. Nein,

nein! Ich seh die gar nicht. *Er wendet ihnen demonstrativ den Rücken zu* Ich schau gar nicht hin!

POLIZIST 1 *kommt auf seinem Streifengang zufällig vorbei. Sams und Taschenbier haben kurz vorher (nach dem Weg suchend) die Bühne verlassen. Zu Lürcher* Ah, Sie sind das wieder mal!

LÜRCHER Ich wollte nur melden, daß ich nichts gesehen habe. Den Typ im Taucheranzug nicht und den andern auch nicht. Gar nichts!

POLIZIST 1 Schön, Sie sind also auf dem Weg der Besserung. Richtig so! *Schon im Weggehen* Wiedersehn!

LÜRCHER Wiedersehn. *Unmittelbar neben ihm tritt Mon auf, mit Papagei und Koffer. Lürcher starrt auf den Papagei im Käfig, ruft dem Polizisten nach* Und den Papagei sehe ich auch nicht, diesen Herrn Kules da!

POLIZIST 1 *im Abgehen, ohne sich umzuwenden* Sehr gut! Weiter so!

LÜRCHER *geht kopfschüttelnd ab* Weiter so, sagt er. Nicht zu fassen. Weiter so!!!

TASCHENBIER *ist in der Zwischenzeit mit dem Sams wieder um die Hausecke gekommen, sieht seinen Freund Mon* Mon, wo kommst du denn her?

MON Taschenbier: Wo willst du denn hin?!

TASCHENBIER Ich wollte dich gerade besuchen. – Ich war gestern ziemlich ungerecht. Ich hab's nicht so gemeint, ich …

MON Wer wird denn nachtragend sein! Bin ich das? Kein bißchen. Nicht wahr, Herr Kules?

HERR KULES Kein bißchen, kein bißchen, bißchen, bißchen …

MON Jaja, es reicht. – Wie gut er reden kann! – Geht's deinem Sams wieder besser? Ja, das sieht man.

TASCHENBIER Ja. Aber leider muß es am Samstag wieder weggehen. Das ist immer so bei Samsen …

MON Weggehen? Und da kann man gar nichts machen?

TASCHENBIER Nein.

SAMS *lachend* Doch!

TASCHENBIER Doch?!! Bitte, mach keine Witze über so was, bitte!

SAMS Das ist kein Witz, Papa. Ich hab schon geahnt, was du anstellst, wenn du die Maschine anstellst. Darum hab ich dir heimlich etwas aufgehoben. Schau mal hinter meinem linken Ohr nach! – Na, siehst du es?!

TASCHENBIER Da … da ist ja noch ein blauer Punkt!

SAMS Der allerletzte! Vorsicht, Papa, nicht wieder Fehler machen!

TASCHENBIER Diesmal mache ich bestimmt keinen: Ich wünsche, daß das Sams immer bei mir bleibt und nie mehr weggehn muß!

SAMS So war's richtig. *Es umarmt ihn* Gut gewünscht, Papa!
Nun bleibt das Sams für immer hier
und wohnt bei Papa Taschenbier.

MON Wundervoll! Ist das ein schöner Schluß? Ja …

ERZÄHLER *nimmt ihm das Wort aus dem Mund* Ja, das ist es!

Szene 7 A und 7 B der Langfassung

7 A. Auf der Straße

TASCHENBIER Ich glaube, ich muß dir erst noch ein paar Regeln beibringen, damit du weißt, wie man sich in einem Lokal benimmt.

SAMS Ach, nimmt man sich dort? Ich dachte, man bekommt das Essen gebracht?

TASCHENBIER Du sollst nicht das Essen nehmen, sondern dich benehmen. Dazu mußt du ein paar Regeln lernen. Regel Nummer eins: Man ißt nicht mit den Händen, sondern mit Messer und Gabel.

SAMS Ach, tatsächlich?!

TASCHENBIER Regel Nummer zwei: Mit vollem Mund spricht man nicht.

SAMS Interessant. Sonst noch Regeln?

TASCHENBIER Ja. – Oh, wir sind schon da. Hui, ist das ein vornehmes Restaurant! Nichts für uns, das ist ein bißchen zu vornehm!

SAMS Bißchen vornehm? Ja, das werden wir uns ein bißchen vornehmen!
Es steuert zielstrebig auf die Eingangstür (evtl. Vorhang) zu, der Erzähler eilt herbei, um mit einer tiefen Verbeugung die Tür zu öffnen oder den Vorhang beiseite zu ziehen.

ERZÄHLER Bitte schön, die Herrschaften! Bitte eintreten zu wollen!

Das Sams schreitet voraus; Herrn Taschenbier bleibt nichts anderes übrig, als hinter ihm her ins Nobelrestaurant zu gehen.

7 B. Sehr vornehmes Speiserestaurant

Kleine Tische mit brennenden Kerzen. An einem Tisch ein Paar: Herr 1 und Dame. Am Nebentisch ein allein speisender Mann: Herr 2. Alle sehr gut gekleidet und sehr distinguiert. Das Paar hat soeben die Vorspeise serviert bekommen. Der Oberkellner steht neben dem einzelnen Herrn, der gerade die Karte studiert.

HERR 2 Und als Hauptgericht nehme ich die Wachteln mit Trüffeln und Stopfleber. Zum Dessert bringen Sie mir dann die Karibischen Schaum-Meringen mit Aprikosensorbet. Und die Vorspeise bitte sofort.

OBERKELLNER Vorspeise sofort. Sehr wohl, Herr Senator.

SAMS Guck mal, Papa: Kerzen. Die feiern jetzt schon Weihnachten.

TASCHENBIER Pssst! Leise bitte! *Er drückt das Sams schnell in einen freien Stuhl, setzt sich hastig und verschämt.*

SAMS Warum leise?

TASCHENBIER Die Leute essen hier!

SAMS Warum darf ich nicht reden, wenn die essen? *Es steht auf, betrachtet interessiert die Gäste* Essen die mit den Ohren?

TASCHENBIER Pst!

HERR 1 Der ist wohl aus dem Zoo ausgebrochen?!

DAME Bestimmt will er schwimmen gehn, in dem Anzug. Herr Ober, zeigen Sie ihm mal gleich den Weg zum Freibad!

HERR 2 Aber vorher bringen Sie mir erst meine Vorspeise!

HERR 1 Ihre Vorspeise wird ja wohl einen Moment warten können.

DAME Das würde ich doch auch meinen.

HERR 2 Sie haben gut reden. Sie haben ja schon eine!

DAME Ja, Stammgäste werden eben bevorzugt bedient. Sie schmeckt übrigens ganz ausgezeichnet. Superb!

HERR 1 Ganz exquisit!

Sie essen dem Herrn 2 demonstrativ etwas vor.

TASCHENBIER Bleib bitte da sitzen, Sams, und sei möglichst still, ja!

OBERKELLNER *zu Taschenbier* Was führt die Herrschaften hierher?

TASCHENBIER Wir möchten eine Kleinigkeit essen.

SAMS Nein, viel essen!

OBERKELLNER Dann werde ich Ihnen wohl die Karte bringen müssen …

SAMS *hält ihn an den Frackschößen fest* Was sollen wir denn mit einer Karte?!

OBERKELLNER Ich kann gerne auch zwei bringen; für jeden eine.

SAMS Zwei Karten? Damit kann man doch nicht spielen. Für Schafkopf braucht man 32 Karten, und für Skat …

OBERKELLNER In unserem Haus pflegt man nicht Karten zu spielen. Du bist hier nicht in einer Bauernwirtschaft. Ich sprach nicht von Spielkarten, ich meinte natürlich die Speisekarte.

SAMS Oh, eine Karte zum Speisen! Da bin ich aber gespannt.

OBERKELLNER Hier, bitte schön, die Herrschaften!

SAMS Mmmm. Schöne Speise, diese Karte! *Es beißt ein Stück ab, kauend* Schmeckt gut, Papa. Reichst du mir mal das Salzfaß?

OBERKELLNER Ja, was machst du denn da?!

SAMS Oh, jetzt hab ich einen Fehler gemacht! Mit vollem Mund darf man ja nicht reden.

OBERKELLNER Ach was, voller Mund!

SAMS Was war dann falsch? Jetzt fällt's mir ein: Ich habe die Karte mit der Hand gespeist. Ich hätte Messer und Gabel nehmen müssen.

OBERKELLNER Messer und Gabel, das fehlte gerade noch!

HERR 1 Herr Ober, nun reicht's aber wirklich!!

DAME Das meine ich auch!

HERR 2 Ja, ganz recht: Bringen Sie mir endlich meine Vorspeise!

SAMS Vorspeise? Jetzt weiß ich, was falsch war! Die Speisekarte war die Nachspeise, und ich hab sie als Vorspeise gespeist.

OBERKELLNER Du willst mich wohl auf den Arm nehmen?!

SAMS Nein, du bist mir zu schwer.

TASCHENBIER Nein. Der Herr meint doch, ob du ihn an der Nase rumführen willst, verstehst du?

SAMS *springt auf* An der Nase? Hier im Lokal? Ja, wenn ich das darf!

OBERKELLNER Untersteh dich! Untersteh dich!

SAMS Wo unten soll ich stehn? Ich steh doch schon unten.

OBERKELLNER Mach dich nicht lustig, Bürschchen! Mach dich nicht lustig!

SAMS Nein, nein, ich bin schon lustig. Aber dich könnte man ruhig ein bißchen lustiger machen. Du bist überhaupt nicht lustig.

TASCHENBIER Komm, Sams, wir gehen lieber!

HERR 1 Das ist doch nicht zu fassen! Wo sind wir hier eigentlich!

DAME Ober, jetzt setzen Sie die beiden endlich vor die Tür!

HERR 2 Nichts da! Erst bringen Sie mir meine Vorspeise!

HERR 1 Ich werde den Geschäftsführer rufen!

TASCHENBIER Keine unnötige Aufregung, wir gehen ja schon!

OBERKELLNER Wer sich nicht benehmen kann, hat hier nichts zu suchen!

SAMS Nichts benehmen? Ach, ich kann mir schon was nehmen. Guck! *Es nimmt dem Herrn 1 und der Dame die Vorspeise vom Teller, stopft sich alles in den Mund. Kauend* Schmeckt gut. Aber die Karte war noch besser!

HERR 2 *bekommt einen Lachanfall* Die Karte war besser! Besser als die Vorspeise!

HERR 1 Was gibt's da zu lachen, Sie Flegel!

Er stülpt Herrn 2 die leere Terrine über den Kopf. Herr 2 erhebt sich, taumelt, gibt Herrn 1 einen Stoß, daß er rückwärts gehend auf dem Schoß der Dame landet. Die Szene steigert sich zu einem allgemeinen Durcheinander, in das auch der Oberkellner mit hineingezogen wird. Herr Taschenbier und das Sams gehen vorsichtig um das Chaos herum, um keinen der umherfliegenden Teller abzukriegen, verlassen das Lokal nach vorn.

TASCHENBIER Komm mit, hier haben wir nichts verloren!

SAMS Komm mit, komm mit,
hier haben wir nichts verloren.
Hier ißt man nicht mit seinem Mund,
hier ißt man mit den Ohren!

Der Erzähler entgeht knapp einer durch das Restaurant geschleuderten Silberhaube und schließt hastig den Vorhang, während Taschenbier und Sams weitergehen, nach Hause.

TASCHENBIER Weißt du was: Wir essen lieber zu Hause. Wozu habe ich denn eine Wunschmaschine! Erst wünsche ich uns eine schöne Vorspeise …

SAMS Und eine Hauptspeise …

TASCHENBIER Dann meinetwegen eine Nachspeise …

SAMS Und dann noch eine Vorspeise …

TASCHENBIER Was? Noch eine Vorspeise?!

SAMS Ja. Und ein Hauptgericht, eine Nachspeise und dann einen Pudding. Danach eine Suppe und eine Vorspeise, einen Pudding und eine Nachspeise, darauf eine Zwischenmahlzeit mit Würstchen und Ketchup, eine Vorspeise mit Hauptspeise und einen Pudding. Dann Kartöffelchen, einen Pudding und danach den Nachtisch. Hierauf Pfannkuchen mit Sauerkraut, anschließend einen kleinen Pudding, ein Hauptgericht, eine Nachspeise und dann einen Pudding, eine Vorspeise, einen Pudding, eine Hauptspeise, einen Pudding und dann die Nachspeise … *Und so weiter, bis die beiden von der Bühne sind.*

ERZÄHLER *nimmt den letzten Satz des Sams auf. Übergang vom Reim zum Sprechgesang oder Lied*

… und noch eine Mahlzeit
und noch ein Gericht …
Das Sams hat's vertragen,
Herr Taschenbier nicht!
Wenn der so viel ißt,
was kann schon draus werden:

Übelkeit, Bauchweh
und Magenbeschwerden!

Er geht zum Vorhang, öffnet ihn, gibt den Blick auf Taschenbier frei. Dabei Ihm ist ziemlich schlecht,
ihm ist übel. – Und so
geht Taschenbier heute
mal nicht ins Büro.

MASCHI=
MASCHINE

Paul Maar

Maschimaschine oder Wie Theater entsteht

Ein Stück für Kinder

Personen

Biggi
Hanna
Axel
Roderich
Professor Siegelmayer
Zwei Bühnentechniker

Zu den Kostümen

Die vier jungen Schauspieler sitzen zu Beginn des Stücks unverkleidet, in Privatsachen, auf der Bühne.
Prof. Siegelmayer sollte älter, seriöser und bürgerlicher wirken als die vier. Er trägt Anzug und Krawatte.
Wenn Axel, Biggi und Hanna sich als Professoren verkleiden, sollten sie möglichst grotesk wirken, wie Bilderbuchprofessoren. Überlange, weiße Labormäntel, eine grau-weiße, zerzauste Perücke, eine dicke, dunkle Hornbrille und grauer, struppiger Schnurrbart. Sie sollten sich so ähnlich sehen, daß man sie miteinander verwechseln kann. Aus diesem Grund wäre eine Halbmaske angebracht (die auch viel schneller aufgesetzt werden könnte): eine dicke Brille, an der eine Nase mit herunterhängendem Schnurrbart fest angebracht ist.

Zur Dekoration

Ein Bühnenbild.
Auf der linken Bühnenseite in scheinbar zufälliger Anordnung einige Requisiten, als hätte man sie dort erst einmal abgestellt, um sie später richtig aufzubauen.
Darunter: ein Bett, eine große Requisitenkiste, ein Eimer, ein Hocker. Vielleicht ein Kulissenteil.

Auf der rechten Bühnenseite ist – bei fertiger Dekoration – ein flacher Innenraum, ein »Zimmer« aufgebaut, das aber nicht bis an den vorderen Bühnenrand reichen darf, damit die Schauspieler vor den Seitenwänden von einem Bühnenteil zum anderen gehen können.
Außerdem hat man noch die Möglichkeit, durch einen Türrahmen in der linken Seitenwand des Zimmers nach »draußen«, d.h. zur linken Bühnenseite, zu gelangen. Diese linke Wand sollte aus Sichtgründen vielleicht nur durch Balken angedeutet sein. Es genügt, wenn die Rückwand (mit einem großen Fenster, das man öffnen kann) und die rechte Seitenwand vollständig ausgeführt sind.
Vorerst – zu Beginn des Stücks – ist aber auch vom Innenraum noch nicht viel zu erkennen. Etwa, weil eine Kulisse verkehrt herum vor der Fensterwand abgestellt wurde oder weil Teile der Wand noch schräg nach hinten gelegt sind.
(Das Bühnenbild wird im Verlauf der ersten Szene aufgebaut.) Es ist wichtig, daß zwar rein optisch der Eindruck großer Unordnung und Zufälligkeit entsteht, in Wirklichkeit aber die Kulissenteile so angeordnet und vorbereitet wurden, daß sie innerhalb von Sekunden aufgestellt und fixiert sind. Es muß die Kinder verblüffen (und wie ein kleines Schauspiel im Stück wirken), wie durch zwei, drei Handgriffe aus einem Durcheinander ein fertiges Bühnenbild entsteht: Einer klappt eine Wand auf, während der andere eine Kulisse beiseite schiebt und zwei andere das Bett an seinen Platz rücken; die Wände werden von hinten geradegestellt – und das Bild ist fertig.

Der Vorhang öffnet sich.
Biggi, Hanna und Axel spielen Karten. Sie sitzen teilweise mit dem Rücken zum Publikum. Außerdem sind sie derart ins Spiel vertieft, daß sie den sich öffnenden Vorhang nicht bemerken und weiterspielen.
Auf einem Bett am Bühnenrand sitzt Roderich. Er hat gerade eine große Plastikflasche mit Ketchup in der Hand, eine Pappschale mit Pommes frites in der anderen und versucht, Ketchup aus der Flasche zu pressen.
Roderich bemerkt als einziger, daß der Vorhang geöffnet wird, erschrickt darüber so sehr, daß er zu heftig zudrückt und sich ein Riesenklecks Ketchup über die Pommes ergießt.
(Roderich ißt gern und oft. Er hat eine Mitnehmtüte aus einem Hamburger-Schnellimbiß o. ä. bei sich, in der sich Pommes, eine Ketchupflasche, zwei noch verpackte Hamburger, ein Plastikbecher mit Cola und Trinkhalm etc. befinden.)

RODERICH *in die Kulissengasse, zum Techniker* Bist du wahnsinnig geworden, den Vorhang einfach aufzumachen?! *Rennt zu den Kartenspielern*
Hanna, Biggi, Axel, ihr müßt aufhören zu spielen!
BIGGI Aufhören?
HANNA Warum?
RODERICH Die Zuschauer!

Jetzt bemerken auch die anderen den offenen Vorhang und springen auf. Sie treten an die Rampe.

RODERICH *zu den anderen* Jetzt sagt was!
AXEL *zum Publikum* Liebe Kinder, ihr erwartet wahrscheinlich ein richtiges fertiges Theaterstück. Ein richtiges Stück sollt ihr auch sehen, nur kein fertiges …
BIGGI *übernimmt* Wir Schauspieler haben nämlich ausgemacht, daß wir das Stück erst erfinden wollen …
HANNA „Improvisieren“ nennt man das …

AXEL Wir hoffen, ihr seid jetzt nicht enttäuscht. Immerhin könnt ihr mal zugucken, wie Theater entsteht. Es ist alles da, was man für ein Theaterstück braucht: Eine Bühne …

BIGGI Kulissen …

HANNA Eine Kiste mit Kostümen … *sie öffnet die Kiste, setzt sich eine Perücke oder einen Hut auf.*

RODERICH *vom Bett aus, wo er sich in der Zwischenzeit niedergelassen hat, um seine Pommes aufzuessen, mit vollem Mund* Und ein Bett!

BIGGI Richtig: Ein Bett. Wo steht das normalerweise?

AXEL Im Krankenhaus?

BIGGI Nein, im Schlafzimmer.

RODERICH Sehr gute Idee. Wir bauen ein Schlafzimmer.

AXEL *ruft nach den Bühnentechnikern. Die Namen sollen hier für die richtigen der beiden stehen* Helmut! Klaus! Könnt ihr uns mal helfen?

BIGGI Das ist Helmut, der macht bei uns das Licht und den Ton. *Helmut kommt und fängt gleich an aufzubauen.*

HANNA Und das ist Klaus, unser anderer Techniker. Er stellt bei uns die Wände auf. Los geht's! Hepp … und … hepp …

Axel, Biggi, Hanna und die beiden Techniker bauen innerhalb kürzester Zeit das Bühnenbild auf. Roderich hat – während die anderen arbeiten – seine Imbiß-Tüte vom Bett geholt, sitzt nun an der Seite, schaut begeistert zu. Bei jedem »Hepp!«-Ruf wirft er sich ein Pommes-frites-Stäbchen in den Mund.

AXEL *nachdem das Bild aufgebaut ist und die Techniker sich zurückgezogen haben* Ein Schlafzimmer!

BIGGI War doch eine gute Idee, oder?

RODERICH *läßt sich wieder auf dem Bett nieder* Sehr gute Idee, großartig!

HANNA Sag mal, Roderich: Hast du überhaupt mitgeholfen?

AXEL Du kannst wohl nur ans Essen denken?

RODERICH *holt den Cola-Becher aus der Tüte, saugt am Trinkhalm* Nein! Manchmal auch ans Trinken. *Bevor sich die anderen über ihn aufregen können, tritt er die Flucht nach vorne an. Zum Publikum:* Nun sagt euch Axel, wie es weitergeht!
AXEL Jetzt fangen wir an. Wir fangen an, wie man immer anfängt, wenn man Theater spielt ...
HANNA ... indem wir uns verkleiden!
BIGGI Verkleiden!
AXEL Verkleiden!

Biggi und Hanna setzen schnell hintereinander verschiedene Perücken und Hüte auf den Kopf, Brillen auf die Nase, binden sich falsche Vollbärte um etc. Axel verkleidet sich währenddessen zielbewußt als Bilderbuch-Professor, schlüpft in einen bodenlangen weißen Labormantel, setzt Perücke und Halbmaske auf. Wendet sich so ans Publikum.

AXEL Es genügt natürlich nicht, wenn sich die Schauspieler verkleiden. Unser Stück braucht auch eine Handlung.
RODERICH *wischt sich gerade Ketchup mit Papierserviette ab o. ä.* Eine Lebensmittelhandlung.
AXEL Doofmann! Unser Stück muß eine Geschichte erzählen.
RODERICH *nimmt Axels Kostüm erst jetzt richtig wahr* Gut siehst du aus, so! Wie ein alter Professor.

Hanna und Biggi begucken sich daraufhin Axel, sind ebenso angetan von seiner Verkleidung wie Roderich.

HANNA Bekomm ich dein Kostüm auch mal?
BIGGI Ich wär auch gern mal Professor.
AXEL Dieses Kostüm behalte ich an. Sucht euch ein anderes. Es gibt noch viele in der Kiste. Außerdem erzähle ich gerade, wie ich mir das Stück vorstelle.
BIGGI Ja, ja, erzähl nur!
HANNA Wir hören zu!

Biggi und Hanna werfen ihre Kostüme seitwärts in die Kulissen. Während des folgenden Dialogs wühlen sie in der Kiste und finden zu ihrer Freude ebenfalls lange Labormäntel, die sie anziehen, dann Perücke und Brille mit Nase und Bart.
Gut wäre es, wenn das Aufsetzen der Perücke und der Halbmasken hinter der Kiste stattfinden würde, so daß die Kinder ebenso verblüfft sind wie Axel, wenn sie dann als seine Doppelgänger auftauchen.

AXEL Unser Stück soll natürlich lustig sein.
RODERICH Stimmt!
BIGGI Ja, das muß es.
AXEL Aber es soll nicht nur lustig sein.
HANNA Sondern?
AXEL Sondern auch spannend. Ich seh mir im Fernsehen am liebsten spannende Stücke an.
BIGGI Ja, das stimmt.
HANNA Find ich auch.
AXEL Wann ist ein Stück spannend? *Er schaut über den Brillenrand wie ein Lehrer vor der Klasse. Überhaupt sollte Axel, sobald er seine Maske aufhat, ziemlich schnell eine Professoren-Karikatur spielen: näselnder Tonfall, nervöses Brillenrücken, eckiges Umwenden etc. Da er keine Antwort bekommt, beantwortet er seine Frage selbst* Es wird spannend, wenn es in einem Stück Gute und Böse gibt!
BIGGI Ja, das stimmt.
AXEL Also muß es in unserem Stück einen Bösen geben, sonst wird's langweilig. Ich bin ein Guter und ...
BIGGI Ich auch.
AXEL *schnell* Das ... das können wir später entscheiden. Vielleicht müssen wir uns erst ausdenken, was der Böse Böses tun könnte. *Er ruft sie wie Schüler auf* Hanna!
HANNA Ja?
AXEL Was könnte der Böse Böses tun?
HANNA Der Böse ... könnte ... Er könnte seine Mutter schlagen.

Axel Albern! – Biggi!

Biggi *ganz eifrige Schülerin* Er könnte seine alte Mutter schlagen.

Axel Na ja. – Roderich!

Roderich *ißt mal wieder.*

Axel Roderich!!

Roderich Er könnte seine alte, taube Mutter mit einem großen Stock schlagen.

Axel Schon besser, äh: böser! Und wer soll dann die Mutter spielen?

Biggi *taucht jetzt, als Professor kostümiert, hinter der Kiste auf* Ich nicht!

Hanna *kommt genauso gekleidet um die andere Kistenseite* Ich auch nicht!

Axel *nach einer Verblüffungspause* Ihr seid wohl nicht ganz bei Trost! Ich glaub, ich seh nicht richtig.

Biggi Wieso denn?

Hanna Warum denn?

Axel Wir können doch nicht alle einen Professor spielen!

Biggi Wieso nicht?

Hanna Warum nicht?

Axel *äfft sie nach* Wieso nicht, warum nicht. Das wird doch langweilig: die ganze Bühne voller Professoren, alles voller Professoren! Da kann man ja gleich in die Universität gehen.

Biggi *nimmt enttäuscht ihre Maske wieder ab, läßt aber den Mantel an* Wenn du meinst!

Hanna *genauso* Na, dann eben nicht!

Roderich Schade! Warum denn?

Axel *wendet sich Roderich zu* Und du? Wieso hast du immer noch kein Kostüm an? Willst du nicht mitspielen – oder was?

Roderich *steigt aus dem Bett* Doch, doch! Ich bin ja schon dabei! *Er geht zur Kiste und setzt schnell einen Hut auf. Der ist viel zu weit und rutscht ihm über den ganzen Kopf, fast bis auf die Schultern, sein Satz wird dadurch jäh gedämpft* Schau, 'nen Hut hab ich ja schon! *Er versucht, mit einer Hand den Hut ab-*

zuziehen, die zweite Hand hat er nicht frei, da er in ihr einen Hamburger hält. Hanna beißt in seinen Hamburger, während er, mit dem Hut kämpfend, nichts sieht.

RODERICH He, wer ist das? Läßt du meinen Hamburger!

AXEL *ist ein bißchen ärgerlich, will endlich weitermachen* Mit euch kann man sich wirklich kein Stück ausdenken, ihr seid viel zu albern!

RODERICH *ist endlich vom Hut befreit* Was sagst du, Axel?

AXEL Daß man sich mit euch kein Stück ausdenken kann!

RODERICH Stimmt nicht, Axel. Ich hab sogar einen Vorschlag: Wir brauchen gar keine Mutter. Der Böse soll lieber etwas klauen, etwas heimlich wegnehmen, versteht ihr?

BIGGI *gleich begeistert* Jaaa, er will uns etwas stehlen ...

HANNA Aber wir stellen ihm eine Falle und fangen ihn. Oder jagen ihn weg. Sehr gut, Roderich.

AXEL Und was soll er mitnehmen?

HANNA Vielleicht die Biggi ...

BIGGI Lieber die Hanna.

RODERICH Nein, es muß etwas Wertvolles sein! – Wenn wir vielleicht eine große Mahlzeit machen, mit Schnitzel und Pommes, und dann ... Und mit Sauce natürlich, und dann ... Und mit Salat, und dann schleicht der Böse in die Küche – das bin ich, der Böse ...

BIGGI Hab ich mir fast gedacht!

RODERICH Und dann ...

AXEL Und dann klaust du das Essen, was? Nein, da habe ich eine andere Idee.

Er verfällt wieder in sein professorales Gehabe, marschiert auf und ab, während er seine Idee entwickelt, dreht sich eckig um, fuchtelt mit der Brille. Biggi parodiert ihn, indem sie – von ihm unbemerkt – hinter ihm hergeht und ihn nachäfft.

AXEL Also, das mit dem Wegnehmen ist gar nicht schlecht. Sogar recht gut. Sehr gut sogar. Geradezu ausgezeichnet, jawoll, ausgezeichnet. Laßt mich nachdenken: Also, ich spiele einen Professor, ich meine, das sieht man ja. Ich spiele einen Professor, der irgend etwas erfunden hat. Eine Maschine. Eine ganz besondere Maschine, die Maschine der Maschinen, die Maschinenmaschine, kurz: die Maschimaschine! Gar nicht schlecht. Sogar recht gut, sehr gut sogar, geradezu ausgezeichnet. Jawoll, ausgezeichnet! *Fällt aus der Rolle, privat* So 'ne ähnliche Geschichte hab ich mal im Fernsehn gesehen. Mit dieser Maschine konnte man die ganze Welt in die Luft sprengen: Wrummmm! Und die Umgebung.

RODERICH *ein bißchen enttäuscht* Ach, du spielst den Bösen.

BIGGI *hört auf, Axel nachzuäffen, kommt und hört interessiert zu.*

AXEL Wieso? Ich habe doch gerade gesagt, daß ich den Professor spiele!

RODERICH Ein Professor kann auch der Böse sein. Wenn er doch die ganze Welt in die Luft sprengen will!

AXEL Will er ja gar nicht!

RODERICH Warum hat er sie dann gebaut, die Maschimaschine?

AXEL Weil ... weiß ich auch nicht. Mußt du die im Fernsehen fragen.

BIGGI Ach, dann will sie gar keiner in die Luft sprengen.

AXEL Doch! Der Böse!

HANNA Für mich ist der Professor der Böse, weil er so ein Ding gebaut hat.

AXEL Nein, der Böse ist der, der mir die Maschine abjagen will!

RODERICH *überzeugt* Den spiele ich! *Er setzt sich einen Hut auf und übt während der folgenden Sätze schon mal Bösesein, indem er Grimassen schneidet, die Augenbrauen runzelt etc.*

HANNA Ja, wenn du den Professor spielst und Roderich den Bösen, was spielen dann wir, die Biggi und ich?

AXEL Ihr? Hmmm. – Ihr seid einfach auch Professoren!

HANNA Vor fünf Minuten hast du uns verboten, einen Professor zu spielen.

BIGGI Du hast gesagt, wir wären nicht bei Trost!

AXEL Das hab ich nicht so gemeint. Mir ist es halt gerade erst eingefallen: Ihr seid meine treuen Mitarbeiter und habt mir geholfen, die Maschine zu bauen.

HANNA Na gut! *Zieht sich die Perücke wieder über.*

BIGGI Dann sind wir eben doch Professoren. *Sie verkleidet sich ebenfalls, bis alle drei schließlich wieder zum Verwechseln gleich aussehen.*

AXEL *zu Roderich* Sag mal, Roderich, was machst du eigentlich?

RODERICH Ich? Ich übe den Bösen.

AXEL *betrachtet ihn kritisch; zu den anderen* Sehr böse wirkt er nicht gerade!

RODERICH Nicht?

AXEL Nein. Setz doch mal die Sonnenbrille da auf! Im Fernsehen haben die Bösen auch meistens Sonnenbrillen.

RODERICH *tut es* Besser? *Steht an der Bühnenrampe, Blick zum Publikum.*

AXEL Ich weiß nicht. – Zieh das mal an! – Schon besser so! *Er zieht ihm noch eine Jacke über. Roderich soll als Böser nicht wie ein klassischer Räuber aussehen, sondern wie die Karikatur eines Hollywood-Gangsters aus den 30er Jahren.*

HANNA Du mußt nur noch böser gucken!

RODERICH So?

HANNA Nein, die Mundwinkel nach unten, so!

RODERICH So? – Aber draußen laufen die Bösen auch nicht immer mit so einem Gesicht herum.

AXEL Ja, draußen! Aber im Theater sieht der Schuft immer so aus, daß man gleich sieht, daß er einer sein soll.

RODERICH So? *Neue Grimasse.*

BIGGI Nein, so! *Zieht ihm die Mundwinkel nach unten.*

AXEL Ja, gut so!

BIGGI Spitze! Ganz toll!

HANNA Klasse!

RODERICH *lächelt geschmeichelt, wehrt soviel Lob verschämt ab.*

HANNA Neieieiein!

BIGGI Falsch!

AXEL Doch nicht grinsen!

HANNA Oder wenn du schon grinst, dann mußt du wenigstens dreckig grinsen, so! *Stößt ein besonders hämisches Kichern aus.*
BIGGI Jetzt guck doch mal wieder böse! Wie ich's dir gezeigt habe.

Roderich schaut böse ins Publikum, das wahrscheinlich lacht. Roderich ist ärgerlich darüber.

AXEL Jetzt laß das mal, du wirst es schon lernen. Wir müssen das Ganze sowieso erst proben. Ich erkläre jetzt, wie ich mir das Stück vorstelle: Der Professor hat sich in sein einsames Waldhaus zurückgezogen, um dort die Maschine zu bauen. Jetzt ist sie endlich fertig. – Das da soll das Waldhaus sein.

Die drei Professoren schreiten zur rechten Bühnenseite, Roderich hinterher.

BIGGI Waldhaus? Und wo ist der Wald?
HANNA Stimmt, wir bräuchten ein paar Bäume. *Ruft* Bäume!!!

Der Bühnentechniker kommt mit einer Baum-Kulisse. Er trägt sie von hinten, verdeckt, daß die Kulisse scheinbar von alleine läuft, und stellt sie genau vor die vier, so daß sie für das Publikum nicht mehr zu sehen sind.

AXEL Nein, nicht hier vorn!

Die Kulisse wandert zur linken Bühnenseite und wird im Hintergrund festgemacht.

BIGGI So ist es gut, danke.
AXEL Also: Dies hier ist das Bett.
RODERICH Wer hätte das gedacht!
AXEL Der Professor liegt im Bett. So! *Er legt sich zur Demon-*

stration ins Bett; Hanna und Biggi steigen von der anderen Seite hinein, schieben, so daß Axel auf seiner Seite aus dem Bett rutscht.

AXEL Halt, was soll das, he? Wieso legt ihr euch alle in mein Bett?

HANNA Hast du doch gesagt!

BIGGI *zitiert* Der Professor liegt im Bett!

AXEL Ja, der Professor, nicht seine sämtlichen Mitarbeiter! Die anderen Professoren wachen. Jawoll, die wachen. Sie bewachen das Haus und die Maschine.

BIGGI *aufstehend, mürrisch* Na gut, dann wachen wir halt.

HANNA Meinetwegen! *Auch auf.*

AXEL Jetzt laßt mich doch mal erklären, wie die Geschichte weitergeht. *Beschwörend, mit gesenkter Stimme* Es ist eine Stunde nach Mitternacht!

RODERICH *schaut irritiert auf die Uhr* Bei mir ist es erst halb vier. *(Genaue Zeit angeben!)*

BIGGI *halblaut* Pssst! Er meint doch, im Stück ist es eine Stunde nach Mitternacht.

RODERICH Ach so!

AXEL Seid ihr fertig jetzt? *Wieder wie vorher* Es ist eine Stunde nach Mitternacht. Alles ist still. Ganz, ganz still. Und dunkel. Nachtlicht, bitte!!! Zu hell! Richtig so. Und jetzt noch ein bißchen Mondschein! Sehr gut! *Nachtlicht, blau, und Mondschein.*

AXEL *erzählt ganz eindringlich. Roderich läßt sich zunehmend von der Geschichte gefangennehmen und spielt, was Axel erzählt* Es ist dunkel. Der Professor ist erschöpft ins Bett gesunken. Er schläft tief. Ganz tief. Da, was ist das?! *Roderich erschrickt fürchterlich* Leise öffnet sich das Fenster. Eine dunkle Gestalt späht ins dunkle Zimmer. *Drängend, zu Roderich* Eine dunkle Gestalt späht ins dunkle Zimmer! Es ist der Böse. Heimlich steigt er durchs Fenster …

RODERICH *drängend, halblaut* Weiter!

AXEL Er schleicht durchs Zimmer. Er schleicht und schleicht. Die Maschine glitzert im Mondlicht …

BIGGI Meinst du? Na gut, ich schau mal, ob ich eine finde. Halt mal solange!

Biggi geht ab und stößt fast mit Axel zusammen, der gerade auf die Bühne kommt, auch mit einem Karton in der Hand. Roderich merkt davon nichts, weil er gerade seinen Hamburger in der Tüte verstauen will, ohne den Karton loszulassen, den ihm Biggi überreicht hat. Als er wieder aufsteht, steht Axel vor ihm und überreicht ihm stolz den zweiten Karton. Weil sich die Professoren so ähnlich sehen, hält Roderich Axel für Biggi.

RODERICH *gibt den Karton gleich wieder zurück, mißmutig* Die ist schlecht, ganz schlecht!

AXEL *betrachtet seinen Karton, höchst erstaunt* Wieso?

RODERICH Das ist doch nie im Leben eine Antenne! So sieht doch keine Antenne aus!

AXEL Antenne? Bist du nicht ganz dicht? Wieso willst du eine Antenne, wir brauchen eine Maschine!

RODERICH Ach, du bist's, Axel! Das war eine Verwechslung. Ich … ich will gar keine Antenne. *Er nimmt den Karton in die andere Hand. Gleichzeitig kommt Biggi mit einem antennenähnlichen Stab zurück. Sie hat seinen letzten Satz gehört.*

BIGGI Keine Antenne? Und mich läßt du eine suchen! *Sie drückt ihm auch noch die Antenne in die Hand.*

RODERICH *weiß nicht, wie er gleichzeitig zwei Kartons und die Antenne halten soll* Aber, aber was soll ich denn jetzt …

HANNA *kommt aufgeregt rufend herein, eine echte Maschine auf dem Arm* Biggi, Roderich, Axel! Schaut mal, was ich gefunden habe! Ist das nicht toll? Da könnt ihr alles wegwerfen, was ihr bis jetzt gefunden habt, was?

Sie stellt die Maschine triumphierend auf den Hocker. Roderich legt seine Kartons irgendwo am Rand ab, wo sie im weiteren Verlauf des Spiels nicht mehr stören können, und schließt sich den beiden anderen an, die die Maschine bestaunen.

(Zur Maschine: Sie soll so groß sein, daß sie ein Schauspieler ohne Mühe tragen kann. Sie muß echt wirken, darf also nicht aus bemaltem Sperrholz sein, sondern aus Metall, mit richtigen Knöpfen, Tasten, Skalen, Steckern, Drähten, Lämpchen etc. In die Maschine sollte ein Kassettenrecorder eingebaut sein [für die Geräusche] und eine elektrisch ausfahrbare [Auto-]Antenne. Vielleicht Teile für Fernsteuerung für Modellflugzeuge mitverwenden.)

AXEL Das ist ja eine ganz richtige Maschine!
BIGGI Richtig echt, wo hast'n die gefunden?
HANNA Draußen. Die stand einfach so im Treppenhaus. *(Auf die örtl. Gegebenheiten des Spielorts eingehen: Treppenhaus, Foyer, Flur, im Physiksaal der Schule hier etc.)* Ich mußte sie nur nehmen und reintragen, war ganz einfach. Eine bessere Maschine können wir gar nicht finden!
BIGGI Dürfen wir denn das? Die gehört uns doch nicht.
HANNA Sei doch nicht so ängstlich!
BIGGI Und wenn der Besitzer kommt und schimpft?
AXEL War denn einer draußen, dem sie gehören kann?
HANNA Niemand. Die stand ganz einfach so da.
AXEL Wahrscheinlich gehört sie dem Hausmeister.
HANNA Hm.

Sie überlegen noch kurz, ob sie es wohl wagen sollen. Dabei spielen sie an den Knöpfen herum, ratternd fährt die Antenne aus. Das gibt endgültig den Ausschlag.

RODERICH Toll, 'ne Antenne! Die Maschine nehmen wir. Ich glaub bestimmt, daß wir die mal ausleihen dürfen.
AXEL Ich auch. Wir stellen sie ja hinterher wieder zurück.
HANNA Das merkt gar keiner.
BIGGI Wir müssen nur aufpassen, daß nichts kaputtgeht!
AXEL Klar.
RODERICH Machen wir!
AXEL Dann können wir ja gleich anfangen mit der Probe. Ich leg

mich schon mal ins Bett, Roderich stellt sich hinter das Fenster.

HANNA Und wir?

AXEL Ihr versteckt euch hinter der Wand und taucht auf, wenn Roderich aus dem Fenster klettern will, und ruft: Hilfe, Polizei und so was!

HANNA Das ist alles?

BIGGI Das ist uns zuwenig.

AXEL So? Na, dann sagt ihr mir am Anfang eben »Gute Nacht« und daß ihr alles gut bewacht, ja? Dann geht ihr, und der Böse kann kommen.

HANNA Aber wie wissen wir, wann wir hinter dem Fenster auftauchen sollen? Wir können ihn doch gar nicht sehen von dahinten.

BIGGI Da hab ich eine Idee! *Sie holt den Eimer und stellt ihn neben dem Fenster auf. Dann führt sie pantomimisch vor, wie Roderich die Maschine nimmt, zum Fenster schleicht und dort so an den Eimer stößt, daß er umfällt* Das ist unser Zeichen: Hilfe! Polizei! Haltet den Dieb!

AXEL Sehr gut. *Zu Roderich* Hast du es auch verstanden?

RODERICH Klar. Ich bin doch nicht doof.

AXEL Dann geht jetzt jeder schnell an seinen Platz! – Roderich, bist du schon da?

RODERICH *steckt seinen Kopf von außen durchs Fenster* Klar. Ich bin doch keine Schnecke.

AXEL Gut, wir fangen an. Helmut, bitte Mondlicht! *Axel liegt zugedeckt im Bett, Hanna und Biggi stehen daneben.*
Achtung – fertig – los!

HANNA *mit verstellter, tiefer Professorenstimme* Gute Nacht, Herr Professor. Schlafen Sie gut!

AXEL *ebenso* Danke, Frau Professor.

HANNA *privat* Herr Professor!

AXEL Wie?

HANNA Herr Professor. Eine Frau hat doch keinen Bart!

AXEL Ach so, ja. Noch mal von vorn! Achtung – fertig – halt! Ich hab noch eine Idee: Wir brauchen noch Nachtgeräusche: Wind und Käuzchenschreie und so was! Nachtgeräusche, Helmut! *Über Band Käuzchenschreie, Wind, ferner Donner* Sehr gut! Und wenn der Böse kommt, machen wir eine spannende Musik. Helmut, Musik!

Es ertönt stark rhythmische Instrumentalmusik, und die beiden alten Professoren vor dem Bett beginnen gleich, etwas eckig und unbeholfen, aber sehr fröhlich zu tanzen.

AXEL Halt! Aus! Die Musik ist nicht spannend genug. Hast du nicht 'ne andere? *Es ertönt eine »spannende« Thriller-Musik. Die beiden Professoren vor dem Bett gruseln sich zitternd* Und jetzt geht's los! *Nachtgeräusche, Käuzchen etc.*
HANNA Gute Nacht, Herr Professor. Schlafen Sie gut!
AXEL Danke, Herr Professor.
HANNA Sie können ruhig schlafen, Herr Professor. Der Herr Professor und ich werden wachen.
AXEL Danke, Herr Professor. Gute Nacht, Herr Professor.
BIGGI Gute Nacht, Herr Professor.
AXEL Gute Nacht, Herr Professor.
BIGGI *zu Hanna* Kommen Sie, Herr Professor!
HANNA Ja, Herr Professor.
BIGGI *läßt ihr den Vortritt* Bitte, Herr Professor!
HANNA Nach Ihnen, Herr Professor!

Die beiden gehen nach rechts ab. Es wird noch dunkler auf der Bühne. Spannende Musik. Axel beginnt zu schnarchen. Das Fenster wird langsam aufgestoßen. Roderich ist nur als dunkler, schattenhafter Umriß zu erkennen. Er späht ins Zimmer, steigt hinein. Er bemüht sich, besonders ausdrucksvoll zu schleichen, was zur Folge hat, daß er schon auf dem Hinweg aus Versehen gegen den Eimer stößt, der scheppernd umfällt. Sofort tauchen Hanna und Biggi hinter dem Fenster auf. Sie erscheinen nicht von der Seite, sondern – wie beim Kasperltheater – von unten, stehen weiß und geisterhaft hinter dem Fenster und schreien

HANNA UND BIGGI Hilfe! Polizei! Diebe!

Roderich, der den Eimer gerade wieder leise hinstellen wollte, erschrickt fürchterlich und läßt ihn noch einmal scheppernd zu Boden fallen.

AXEL *setzt sich im Bett auf* Helmut, mach Licht! Das darf doch nicht wahr sein! Wieso donnerst du gegen den Eimer? Du hast doch noch gar nicht die Maschine!

RODERICH Aus Versehen.

AXEL Aus Versehen, aus Versehen!!

RODERICH Ich kann ja auch nichts sehen hier auf der Bühne.

AXEL Ich seh doch auch was.

RODERICH Du hast auch keine Sonnenbrille auf!

Biggi und Hanna sind während dieser Sätze nach vorn gekommen.

BIGGI Das stimmt. Nimm sie halt ab.

RODERICH *nimmt die Brille ab.*

AXEL Nein, das geht auch nicht.

HANNA Wieso?

AXEL Schaut ihn euch doch an, wie er aussieht ohne Brille: richtig lieb, überhaupt kein bißchen böse!

RODERICH *lächelt geschmeichelt.*

BIGGI Roderich, mach halt auch ein Gesicht, wie ich's dir gezeigt habe!

RODERICH So?

HANNA So ungefähr. Ja, schon besser!

AXEL Gut, Roderich!

BIGGI Sehr schön, ganz ausgezei… NEIN! Jetzt grinst er schon wieder!

AXEL Wie ein Honigkuchenpferd!

RODERICH Ich könnte ja mal ganz schnell hinter die Bühne, ganz schnell …

AXEL Was willst du denn da?

RODERICH Nur mal kurz in den Spiegel schaun und üben.

AXEL Jetzt wird nicht geschaut, jetzt wird endlich gespielt!

BIGGI Laß ihn doch mal schnell schaun. Auf diese halbe Minute kommt's auch nicht mehr an.

HANNA Mach schnell und schau!

RODERICH Klar. Ganz schnell. *Er rennt ab.*

BIGGI *ruft ihm nach* Aber schauen, nicht kauen!

AXEL Jetzt machst du auch noch Witze! Euch beiden ist wohl alles egal? Was denkt ihr euch eigentlich?!

HANNA *heftig* Jetzt reicht's mir aber! Du liegst die ganze Zeit im Bett, tust überhaupt nichts, und wenn mal was nicht klappt, hast du das große Wort!

BIGGI Mir stinkt's auch schon die ganze Zeit, wie du uns herumkommandierst. Du tust gerade so, als ob das dein Stück wäre!

AXEL Ist es ja auch. Ich hab mir alles ausgedacht.

HANNA Du? Du hast dir nur ausgedacht, daß du ein Professor bist und diese poplige Maschine erfunden hast und daß du die ganze Zeit faul im Bett liegen darfst. Wer hat sich die Sache mit dem Fenster ausgedacht? Wir!

BIGGI Und wer hat sich die Sache mit dem Eimer ausgedacht? Wieder wir!

HANNA Und wer hat uns eine echte Maschine besorgt?

BIGGI Du vielleicht?!?

Axel ist sehr beleidigt. Er setzt sich demonstrativ ein Stück weg von den beiden, schaut finster vor sich hin. Kurze, peinliche Stille.

BIGGI Ich glaube, Roderich fängt wirklich an zu essen dahinten.

HANNA Jetzt könnte er ja langsam zurückkommen.

Wieder eine Pause. Der Zorn der Mädchen ist längst verpufft, es stört sie, daß Axel immer noch wortlos beleidigt ist.

HANNA Mensch, Axel, jetzt spiel doch nicht den Endlos-Beleidigten! Es war gar nicht böse gemeint, wir wollten nur mal loswerden, was uns ärgert.

BIGGI Du machst ein Gesicht wie Roderich, wenn er den Bösen spielt.

HANNA Nein, viel besser als Roderich, viel finsterer.

AXEL Na ja, wenn ihr mich so anblökt ... Da wird man halt sauer.

HANNA *zu Biggi* Du, das ist doch die Idee!

BIGGI Was denn?

HANNA Warum machen wir dem Roderich nicht auf die gleiche Art ein finsteres Gesicht?

AXEL Du meinst ...

HANNA Wenn er kommt, fangen wir an zu pfeifen und schreien »Buh« und »Pfui« und so was wie bei einem Bundesligaspiel, wenn der Schiedsrichter einen Elfmeter gegen die Heimmannschaft gegeben hat. So lange, bis er genauso ein Gesicht macht wie Axel gerade.

AXEL Dann fangen wir schnell an zu spielen.

BIGGI Ist das nicht ziemlich gemein?

HANNA Schon. Aber unser ganzes Stück wirkt nicht, wenn er immer nur dasteht und grinst.

BIGGI Und ihr meint, wir schaffen es, daß er ein ganz böses Gesicht macht – ohne Grinsen?

HANNA Bestimmt.

AXEL Gut wär's natürlich, wenn nicht nur drei schreien, sondern alle Zuschauer – wie beim Fußball. *Zu den Kindern* Macht ihr mit? Wenn er kommt, geb ich ein Zeichen. Und dann geht's los!

BIGGI Ich glaube, ich hör was!

HANNA Er kommt schon!

AXEL *gibt gleich beim Auftauchen Roderichs das Zeichen* Buuuh, buuuuuh, pfui! *Alle fallen ein.*

RODERICH *kam fröhlich zurück, sein Lächeln erstirbt, er schaut konsterniert. Zu den anderen* Spinnt ihr? Was soll denn das, ihr Pfeifen?

Die anderen pfeifen und buhen weiter. Roderich reagiert besonders verärgert auf das Pfeifen und Buhen von unten und legt sich sofort mit dem Publikum an.

RODERICH *Zum Publikum* Bei euch ist wohl 'ne Sicherung durchgebrannt, was? Ihr spinnt ja, ihr Würstchen! Ihr Tintenkleckser! *Zeigt ihnen den Vogel, streckt die Zunge heraus und provoziert dadurch eine noch stärkere Reaktion bei den Kindern; wird immer wütender. Schreiend zu den drei anderen* Das habt ihr angezettelt, das weiß ich genau! Ich werd's euch heimzahlen, ihr, ihr Schufte, ihr Armleuchter …

Die drei buhen weiter. Roderich schleudert in seinem Jähzorn einen Hocker zu Boden, tritt wütend ein vorher präpariertes Kulissenteil um, das krachend zu Boden stürzt, und rennt in höchstem Zorn von der Bühne. Hanna und Axel und besonders Biggi sind bei zunehmender Wut Roderichs sichtlich erschrocken über das, was sie da angerichtet haben, können die ausgelöste Publikumsreaktion aber nicht mehr steuern. Als er abgegangen ist, sind die drei mehr oder weniger betroffen.

BIGGI O Mann, was haben wir da angerichtet! Ich hätte nie gedacht, daß er so sauer wird.
AXEL Und wenn er so böse ist, daß er nicht mehr mitspielt?
HANNA Der spielt bestimmt.
AXEL *so betont laut und prononciert, daß es ein unsichtbarer Lauscher gut verstehen kann* Ich finde, wir sollten einfach anfangen zu spielen!
HANNA *genauso* Wenn der Roderich sich ein bißchen abgeregt hat, spielt er bestimmt mit!
BIGGI *auch so* Der läßt uns nicht im Stich!
AXEL *auch so* Genau zum richtigen Zeitpunkt kommt der durchs Fenster! *Leise zu den anderen* Meint ihr, daß er wirklich kommt?
BIGGI Am besten, wir fangen an zu spielen. Dann werden wir's schon merken.
AXEL Dann machen wir den Vorhang zu. Und wenn er gleich wieder aufgeht, beginnt unser Stück.

Der Vorhang geht zu. Schon bei geschlossenem Vorhang Nachtgeräusche, starkes Donnern. –
Wenn sofort darauf der Vorhang wieder aufgeht, ist das Licht schon eingezogen, die Nachtgeräusche gehen im Lauf der Szene in »spannende Musik« über. Die drei Professoren befinden sich am verabredeten Platz.

HANNA Gute Nacht, Herr Professor. Schlafen Sie gut!
AXEL Danke, Herr Professor.
HANNA Sie können ruhig schlafen, Herr Professor. Der Herr Professor und ich werden wachen.
AXEL Danke, Herr Professor. Gute Nacht, Herr Professor.
BIGGI Gute Nacht, Herr Professor.
AXEL *gähnend* Gute Nacht, Herr Pro-fes-sor ...
BIGGI Kommen Sie, Herr Professor!
HANNA Ja, Herr Professor!
BIGGI Bitte, Herr Professor!
HANNA Nach Ihnen, Herr Professor!

Die beiden gehen ab. Das Licht wird noch dunkler, die Musik etwas lauter. Axel schnarcht. Lange Zeit geschieht nichts. Als man sich schon damit abgefunden hat, daß Roderich doch nicht mitspielt, kommt er plötzlich von einer ganz anderen Seite als geprobt. Axel spielt erleichtert Schlafen, als er seine Schritte hört. Er schnarcht laut. Roderich hat einen Strick dabei, dessen eines Ende in einer Schlaufe ausläuft, so daß er schnell eine Schlinge knüpfen kann. Er schleicht nicht zur Maschine, sondern zu Axels Bett, führt den Strick unterm Bett durch, über die Zudecke, steckt ihn zu einer Schlinge zusammen, zieht die Schlinge mit einem Ruck zu und verknotet das Ende am Bettpfosten. Axel ist in Zudecke und Bett geschnürt. Er merkt, daß etwas schiefläuft, fällt aus der Rolle

AXEL Hallo, was soll das? Das haben wir doch gar nicht so geprobt! Ich kann mich ja gar nicht bewegen, du kannst doch nicht einfach ...

Roderich hat den Eimer genommen, an den er eigentlich stoßen soll, und stülpt ihn Axel langsam und genüßlich über den Kopf. Axel protestiert dumpf und unverständlich unter dem Eimer. Roderich kümmert sich nicht darum, schlendert zur Maschine, klemmt sie sich unter den Arm und geht auf die Tür zu. Vor der Tür bleibt er stehen, zeigt dem Publikum den Vogel, drückt damit aus: Ich bin doch nicht so blöde, hier über dieses Seil zu stolpern! Dann macht er einen großen Schritt über das Seil und verschwindet mit der Maschine von der Bühne.
Axel ist es gelungen, durch Kopfschütteln den Eimer vom Kopf zu streifen, der Eimer fällt scheppernd zu Boden. Auf das Signal tauchen sofort die Mitarbeiter hinter dem Fenster auf und rufen: »Hilfe! Polizei! Haltet den Dieb!«

AXEL Steht nicht da draußen wie die Ölgötzen! Was gibt's da zu schreien! Los, kommt herein, er hat die Maschine geklaut! Macht schnell, rennt ihm nach! Könnt ihr nicht schneller?! Helmut, mach doch endlich Licht! Licht!!!

Hanna und Biggi wollen sich beide gleichzeitig durchs Fenster quetschen, was erst einmal zur Folge hat, daß sie im Fenster steckenbleiben. Schließlich stolpern sie halb fallend ins Zimmer.

HANNA Was ist?
BIGGI Was ist los?
AXEL Fragt nicht so bescheuert! Seht ihr denn nicht, daß ich gefesselt bin? Steht nicht da und tut nichts! Los, helft mir doch!

Sie versuchen, den Knoten aufzuknüpfen, schaffen es aber nicht sofort.

AXEL Was macht ihr da? Doch nicht beide! Fangt ihn doch! Er hat die Maschine geklaut, echt geklaut. Rennt ihm denn keiner nach? Los! Dort drüben ist er hingerannt, durch die Tür! Macht schon!

Hanna und Biggi rennen zur Tür, Hanna rennt durch, stolpert über das Seil und fällt. Biggi kann gerade noch abbremsen.

HANNA So ein Mist! Ich hab den Strick vergessen! Au, mein Knie! Hilf mir doch mal auf!

Biggi versucht, Hanna auf die Beine zu helfen.

AXEL Mir sollst du helfen. Mach doch endlich den Knoten auf!

Biggi rennt zu Axel.

HANNA Renn doch nicht wieder weg, und laß mich hier nicht sitzen!

Biggi macht Anstalten, wieder zu Hanna zu rennen.

AXEL Hiergeblieben! Mach endlich den Knoten auf!

Axel ist befreit und springt aus dem Bett, Hanna kommt leicht humpelnd zu den beiden. – Während der folgenden Sätze können sich Axel, Hanna und Biggi ärgerlich Perücke, Brille und Bart abnehmen, als Ausdruck ihrer Wut und Enttäuschung.

HANNA *reibt sich das Knie* Das hätte ich nie gedacht, daß er soo gemein sein kann!
BIGGI Wirklich nie!
AXEL Dem sag ich vielleicht Bescheid jetzt! *Er geht da ab, wo Roderich mit der Maschine verschwunden ist.*
BIGGI Muß der böse auf uns sein, wenn er sich so benimmt!
HANNA Sich überhaupt nicht an die Absprache zu halten!
BIGGI Ich glaube, der behält jetzt die Maschine für immer, aus purer Gemeinheit.
HANNA Meinst du?

BIGGI Na, wenn er sogar seine Mitspieler ans Bett fesselt …
AXEL *kommt zurück* Ich kann ihn nicht finden. Dahinten ist er nicht.
HANNA Vielleicht hat er sich versteckt?
AXEL Vielleicht. Vielleicht ist er auch hinten raus und heimgegangen.
BIGGI Aber die Maschine gehört uns doch nicht. Ich weiß gar nicht, was wir jetzt machen sollen!
HANNA Denkst du, ich?
BIGGI Vielleicht hat er sich doch nur versteckt?

Während der letzten zehn bis fünfzehn Sätze ist Professor Siegelmayer von hinten in den Zuschauerraum gekommen und sorgt dort für Unruhe, indem er zwischen den Sitzreihen nach irgend etwas sucht. Professor Siegelmayer ist deutlich älter als die übrigen vier Schauspieler und sehr korrekt gekleidet: Anzug mit passender Krawatte. Im Winter: Mantel, als ob er gerade von der Straße hereingekommen wäre. Er muß ganz privat wirken, es soll so lange wie möglich die Fiktion aufrechterhalten werden, daß hier ein Nicht-Schauspieler und Privatmann zufällig ins Stück eingreift. Er kann ruhig nuscheln und vor Aufregung scheinbar zu schnell und zu leise sprechen. Es ist nicht schlimm, wenn seine erste Ansage nicht von allen verstanden wird, im Gegenteil. Deswegen holt man ihn dann auch auf die Bühne, damit er von dort besser zu hören ist. Er müßte versuchen, einen unmerklichen Übergang zu finden vom ersten Eindruck »Nicht-Schauspieler, der nicht gewohnt ist, vor so vielen Leuten zu sprechen« hin zu seiner Rolle, die er dann auf der Bühne spielt und wo er aus technischen Erforderlichkeiten heraus natürlich verständlich sprechen muß.
Während der Professor unten suchend durch die Reihen geht, unterbrechen oben auf der Bühne die Schauspieler ihre Beratung. Sie fühlen sich offensichtlich gestört. Biggi und Hanna bleiben sitzen und schauen ärgerlich in den Saal, Axel tritt an den Bühnenrand.

AXEL Darf ich mal erfahren, was da unten los ist?

SIEGELMAYER *kommt zum Bühnenrand* Entschuldigen Sie die Störung. Ich muß hier nach etwas suchen.

AXEL Sie können doch nicht hier hereinkommen und die Aufführung stören. Wir spielen hier Theater, auch wenn es im Augenblick nicht ganz klappt. Ich möchte Sie höflich bitten, jetzt nicht weiter zu stören.

SIEGELMAYER Darf ich eine Durchsage machen?

AXEL Wie bitte?

SIEGELMAYER Eine Durchsage, es ist wichtig, ganz dringend!

AXEL Ja, wenn es wichtig ist. Aber machen Sie's kurz! *Zum Publikum* Der Herr hier ... *Zu Siegelmayer* Wie ist Ihr Name?

SIEGELMAYER Siegelmayer. Professor Siegelmayer vom Max-Ernst-Institut.

AXEL Herr Siegelmayer ... äh ... Professor Siegelmayer möchte eine Durchsage machen! *Zu ihm* Bitte!

SIEGELMAYER Mir ist hier im Haus etwas weggekommen, ich bitte denjenigen, der etwas Näheres weiß, daß er sich meldet, wenn er Bescheid weiß, vielleicht etwas gesehen hat ...

AXEL *unterbricht* Entschuldigung, man kann Sie dahinten bestimmt nicht verstehen. Vielleicht kommen Sie hier auf die Bühne. Dann geht es sicher besser.

SIEGELMAYER Danke. Danke schön. *Auf der Bühne* Ja, mir ist hier im Haus eine Maschine weggekommen. Sie muß noch hier sein, ich habe mit der Garderobenfrau gesprochen. *(Mit dem Hausmeister usw., örtliche Gegebenheiten einbeziehen.)* Es hat niemand das Haus verlassen, also muß sie noch hier sein, die Maschine. Ich nehme an, daß das Ganze ein Scherz sein soll. Ich habe sie draußen abgestellt und bin aufs ... also, war für kurze Zeit weg, dann war sie nicht mehr da. Ich möchte die Kinder, die die Maschine versteckt haben, herzlich bitten, mir die Maschine wiederzubringen. Es wird niemand bestraft. Es darf nur nicht an der Maschine herumgespielt werden!

Der Schauspieler, der den Siegelmayer spielt, kann den Text auch sinngemäß improvisieren, das wirkt vielleicht noch authentischer.

Wenn die Kinder ihm gleich verraten, wer die Maschine genommen hat, muß er darauf eingehen. Er ist ja – in seiner Rolle – kein Schauspieler, der einen Einwurf aus dem Publikum bewußt überhören kann, wenn er nicht zu seinem vorbereiteten Text paßt.

AXEL Ich glaube, es ist besser, wenn wir es gleich sagen! Wie sieht sie denn aus, Ihre Maschine?

SIEGELMAYER *gibt eine kurze Beschreibung der jeweiligen Maschine.*

AXEL Also ... also, wir haben uns die Maschine für kurze Zeit ausgeliehen!

SIEGELMAYER Sie??

AXEL Wir hätten Sie natürlich um Erlaubnis gefragt, aber wir haben Sie nicht gesehen ...

SIEGELMAYER Ich muß sagen, das erschüttert mich denn doch! Sie als erwachsene Menschen! Sie können doch nicht einfach draußen auf dem Flur ... *(dem Treppenhaus o. ä.)* eine Maschine wegnehmen, die Ihnen gar nicht gehört!

BIGGI Es tut uns leid, wir möchten uns dafür entschuldigen. Was ist es denn eigentlich für eine Maschine?

SIEGELMAYER Schwierig zu erklären. Ich möchte auch nicht viel darüber aussagen, weil es ein völlig neuartiger Maschinentyp ist, den ich in jahrelanger, geheimer Arbeit entwickelt habe. Die Maschine sendet jedenfalls Strahlen aus, die das Lernzentrum des menschlichen Gehirns beeinflussen.

BIGGI Dann ist sie wohl gefährlich?

SIEGELMAYER Nicht gerade sehr gefährlich. Es ist so eine Art Lernmaschine. Wenn allerdings jemand an den Knöpfen herumspielt, ohne etwas davon zu verstehen, dann kann das recht unerfreuliche Wirkungen haben. Es ist wirklich unerhört, daß Sie so eine Maschine einfach mitnehmen. Wissen Sie, was das ist? Das ist Diebstahl, ganz eindeutig! Aber ich merke, ich muß mich bremsen, sonst gerate ich in Wut. Also, geben Sie mir die Maschine zurück, und die Sache ist vergessen, und Sie können in Ruhe hier Ihr komisches Theaterstück weiterspielen.

AXEL So einfach ist die Sache nicht.
HANNA Leider nicht.
BIGGI Nein, gar nicht.
SIEGELMAYER Gar nicht, leider nicht? Was soll das heißen? Wo haben Sie die Maschine?
BIGGI Roderich hat sie.
SIEGELMAYER Roderich? Wer ist Roderich? *Zu Axel* Sind Sie das?
AXEL Nein, ich heiße Axel. Roderich ist nicht da.
SIEGELMAYER Nicht da? Wo ist er denn?
HANNA Hoffentlich dahinten, irgendwo versteckt.
BIGGI Vielleicht ist er auch nach Hause.
SIEGELMAYER Wie bitte? Mir ist da einiges nicht ganz klar, ich kann nicht ganz folgen. Wer ist jetzt dieser Roderich? Wo hat er die Maschine?
HANNA Geklaut hat er sie!
SIEGELMAYER Verstehe ich recht: Da haben Sie erst zu viert meine Maschine gestohlen …
BIGGI Ausgeliehen, nur ausgeliehen!
SIEGELMAYER Und jetzt hat dieser Roderich sie Ihnen gestohlen? Stimmt das so?
AXEL Ja. Roderich hat den Bösen gespielt. Er sollte die Maschine klauen und …
SIEGELMAYER Wie? Er sollte sie klauen?
AXEL Nein, eben nicht, der Schuft!
SIEGELMAYER Was stimmt nun: Erst sagen Sie, er sollte sie klauen, dann streiten Sie es wieder ab!
HANNA *zu Axel* Wenn du es so erklärst, kann es der Herr Professor ja auch nicht verstehen. Wir wollten den Roderich böse machen, deswegen war er dann so gemein und hat die Maschine mitgenommen.
SIEGELMAYER Sollte er denn nicht böse sein?
HANNA Nein.
SIEGELMAYER Aber gerade haben Sie doch gesagt, Sie wollten ihn böse machen!
BIGGI *übernimmt, weil sie merkt, daß Hanna auch nicht weiter-*

kommt Ja, aber nicht so böse. Er ist beleidigt ...

SIEGELMAYER Ach, und deswegen hat er die Maschine genommen. Langsam begreife ich. Ich finde, man sollte mit diesem Roderich reden. Selbst wenn er sehr beleidigt ist, wird er doch so vernünftig sein, daß er die Maschine zurückgibt, wenn man ihm alles erklärt.

BIGGI Dazu müßte man ihn erst mal finden.

SIEGELMAYER *ironisch* Wenn man in meiner Jugend jemand finden wollte, so hat man ihn gewöhnlich gesucht!

AXEL Ja, natürlich. Wir suchen sofort.

BIGGI Ich suche mit Hanna da draußen.

AXEL Dann schaue ich mal dahinten nach.

SIEGELMAYER Gut, ich warte hier, bis ihn einer von Ihnen gefunden hat.

Axel, Biggi und Hanna rennen eifrig suchend ab, Biggi oder Hanna können sogar zwischendurch einmal über die Bühne rennen und dabei »Roderich« rufen. Siegelmayer bleibt kurze Zeit allein zurück, geht nervös auf und ab.

SIEGELMAYER *entschuldigend zum Publikum* Es tut mir leid, aber es ist schließlich nicht meine Schuld! *Er holt mit spitzen Fingern eine Perücke o. ä. aus der Requisitenkiste, hält sie hoch, betrachtet sie kopfschüttelnd und wirft sie angewidert wieder zurück. – Roderich kommt ohne Maschine auf die Bühne.*

RODERICH Entschuldigung!

SIEGELMAYER *schreckt hoch* Ja?

RODERICH Es ... es ist so still hier. Wo sind denn die anderen? Wer sind Sie denn?

SIEGELMAYER Ich? Ich heiße Siegelmayer. Professor Siegelmayer. Und Sie? Gehören Sie auch dazu?

RODERICH Ich heiße Roderich, ich ...

SIEGELMAYER Roderich? Der Roderich mit der Maschine?

RODERICH Maschine? Meinen Sie meine Maschine da draußen?

SIEGELMAYER Ihre Maschine? Meine Maschine!!

Roderich Gehört die Ihnen? Wir haben gedacht, dem Hausmeister.

Siegelmayer Nein, mir! Und ich verlange von Ihnen, daß Sie mir die Maschine auf der Stelle zurückbringen! Erstens ist sie mein Eigentum, ich habe länger als drei Jahre daran gebaut. Zweitens gehört sie in die Hände eines Fachmanns!

Roderich Ist sie gefährlich?

Siegelmayer Nicht gerade sehr gefährlich. Aber wenn sich einer nicht auskennt und an den Knöpfen herumspielt …

Roderich Das habe ich aber.

Siegelmayer Das haben Sie? Um Gottes willen, was ist denn dabei passiert?

Roderich Nichts Besonderes. Da kam nur so ein langer Metallstab raus: Pschschschscht!

Siegelmayer Junger Mann, das war die Antenne! Damit haben Sie die Maschine sendebereit gemacht. Sie dürfen jetzt auf gar keinen Fall den roten Knopf drücken, hören Sie! Sonst sendet die Maschine Strahlen aus. Am besten, Sie drücken die Antenne einfach nach unten, bevor Sie mir die Maschine bringen.

Roderich Ich weiß ja noch gar nicht, ob ich Ihnen die Maschine bringen will!

Siegelmayer Sie wissen es nicht? Aber ich habe Ihnen doch eben alles erklärt: Die Maschine gehört mir …

Roderich Ist mir schon klar, Sie müssen nicht alles dreimal erzählen. Aber weggenommen habe ich die Maschine den drei anderen. Also muß ich sie erst mal denen zurückgeben. Und mit denen bin ich noch böse, also geb ich sie nicht zurück!

Siegelmayer Sind Sie begriffsstutzig? Das ist meine Maschine. Sie müssen sie mir zurückgeben!

Roderich Das tu ich aber nicht. Es sei denn …

Siegelmayer Es sei denn?

Roderich Es sei denn, wir tauschen!

Siegelmayer Tauschen? Womit denn?

Roderich Ich hab ein Loch im Bauch vor lauter Hunger!

Siegelmayer Hunger? Ach, Sie meinen …

RODERICH Wenn mir die drei etwas zu essen bringen, bekommen Sie sofort die Maschine zurück.

SIEGELMAYER Ja, das läßt sich machen.

RODERICH Sie meinen, das geht? Das wäre großartig, das …

SIEGELMAYER Schließlich sind die drei schuld daran, daß meine Maschine weg ist. Die sollen sich ruhig bemühen, etwas Eßbares aufzutreiben. Als kleine Strafe.

RODERICH Es muß ja auch nicht viel sein: Ein doppelter Hamburger mit Extra-Ketchup oder ein Cheeseburger mit 'ner Cola oder …

SIEGELMAYER *schnell, bevor er seine Forderungen noch höher treibt* Gut, abgemacht! Ich sage den anderen Bescheid. Und Sie holen die Maschine!

RODERICH Wir treffen uns wieder hier. Genau hier. Sie mit den anderen. Und mit dem doppelten Hamburger. Und ich mit der Maschine. Und dann tauschen wir. Aber ohne Tricks. Nicht, daß Sie mich reinlegen wollen! Abgemacht?

SIEGELMAYER *gibt ihm die Hand darauf* Abgemacht!

Beide gehen ab, Roderich kommt allerdings sofort wieder zurück und ruft Siegelmayer nach

RODERICH Herr Professor! Hallo! Herr Spiegeleier!

SIEGELMAYER *schaut von draußen durchs Fenster ins Zimmer, sauer* Siegelmayer. Sie-gel-mayer!

RODERICH Und bitte den Ketchup nicht vergessen, Herr Siegelmayer!

SIEGELMAYER Ketchup, natürlich!

Roderich geht voller Vorfreude ab. Gleich darauf kommen Biggi und Hanna zurück und wundern sich, daß der Professor nicht mehr da ist.

HANNA *auftretend* Wir haben ihn nicht gefunden! Keine Spur von Roderich. *Zu Biggi* Der ist ja gar nicht da, der Siegelmayer.

Herr Siegelmayer? Herr Siegelmayer! Siegelmayer!

BIGGI Es kommt jemand, das wird er sein.

HANNA *zieht sie weg* Du, wenn das der Roderich ist? Vielleicht ist das der Roderich! Laß uns erst mal uns schnell verstecken!

Sie verstecken sich. Roderich kommt mit der Maschine, stellt sie neben sich ab, setzt sich auf den Stuhl, auf dem vorher Siegelmayer saß. Er zieht eine große Serviette heraus und breitet sie sorgfältig auf seinen Knien aus, holt Salz- und Pfefferstreuer, stellt sie erwartungsvoll am Rand der Serviette ab.

BIGGI *leise im Versteck* Das ist Roderich!

HANNA Mit der Maschine! Das ist die Gelegenheit!

BIGGI Meinst du? Was sollen wir machen?

HANNA Du hältst ihn fest, ich nehme die Maschine. Und dann nichts wie weg zum Professor!

BIGGI Aber du mußt schnell machen, lange kann ich ihn nicht festhalten!

HANNA Ich versuch's. Ich zähle bis drei, dann stürzen wir los, ja?

BIGGI *nickt aufgeregt.*

HANNA Eins ... zwei ... drei!

Biggi rennt los, stürzt sich auf Roderich, der ihr ahnungslos den Rücken zuwendet, und umklammert ihn von hinten. Hanna ist mit ihrem Mantel, den sie immer noch trägt, an einem Nagel hängengeblieben und versucht vergeblich, sich loszureißen.

BIGGI Schnell, mach doch schnell!

RODERICH He, was soll das? Paß doch auf! *Sein Salzstreuer fällt zu Boden.*

BIGGI *ganz hysterisch* Nimm die Maschine! Schnell, nimm ihm die Maschine weg! Schnell! Mach doch! Was ist denn?

RODERICH Was? *Er springt auf, Biggi klammert sich weiter an seinem Rücken fest* Ihr wollt mich also austricksen? So eine Gemeinheit!

BIGGI *auf Roderichs Rücken* Mach doch schnell! Nimm die Maschine! Was ist denn?

Hanna befreit sich, indem sie einfach aus dem Mantel schlüpft und ihn am Nagel hängen läßt. Sie will die Maschine an sich reißen, aber Roderich ist einen Moment schneller als sie. Er ergreift die Maschine.

RODERICH *fast weinend vor Wut und Enttäuschung* Ihr seid gemein, gemein, gemein! Mich herlocken mit der Maschine, mir etwas zu essen versprechen: »Abgemacht!« Und dann ... Nie bekommt ihr die Maschine! Nie! *Er drückt auf einen Knopf, mit einem Geräusch fährt die Antenne aus. Er richtet sie auf Hanna, die immer noch versucht, ihm die Maschine wegzureißen* Weg! Geh weg!

Hanna versucht, die Maschine an sich zu bringen, indem sie an der Antenne zieht. Roderich drückt den roten Knopf. Ein Heulton, etwa wie die Sirene der New Yorker Polizeiautos. Hanna erstarrt mitten in der Bewegung, steht wie eine Statue. Als Biggi das sieht, läßt sie Roderich los und weicht erschrocken zurück.

BIGGI Axel!! Herr Professor!!
RODERICH Sei leise! *Richtet die Antenne auf Biggi.*
BIGGI Nein, bitte nicht! *Sie rennt davon, Roderich drückt schnell einen Knopf, wieder der Heulton. Biggi flüchtet hinter die Requisitenkiste. Von draußen hört man die fröhliche Stimme Siegelmayers.*
SIEGELMAYER So, da wären wir!
RODERICH *erschrickt, nimmt die Maschine und hastet von der Bühne.*

Siegelmayer und Axel treten auf. Axel trägt eine prall gefüllte Tragetasche mit doppelten Hamburgern und Pommes frites etc.

AXEL Da wird er sich freuen, wenn er das sieht, was? Ob er schon da ist? Ach, ihr beiden seid schon hier! Wir haben euch gesucht. Wir wollten euch sagen, daß jetzt alles in Ordnung ist.
SIEGELMAYER Roderich bringt die Maschine gleich zurück. Er ist nicht mehr böse!

Biggi geht auf die beiden zu, um alles zu berichten. Sie wird jetzt nur noch »Nein, bitte nicht« sagen können. Sie muß versuchen, durch Gestik, Mienenspiel, Kopfnicken usw. das auszusagen, was sie eigentlich will. Hanna kann sich nur noch zeitlupenhaft langsam bewegen und auch so sprechen.

BIGGI Nein, bitte nicht!
SIEGELMAYER *sieht sie nicht, da er gerade damit beschäftigt ist, die doppelten Hamburger etc. aus der Tüte zu nehmen* Sag ich doch: Nicht mehr böse!
BIGGI Nein, bitte nicht.
SIEGELMAYER Wie bitte?
BIGGI Nein, bitte nicht; nein, bitte nicht!
SIEGELMAYER *achselzuckend* Ich weiß nicht, was das soll.
AXEL Eigentlich könnten wir ja einen von den Hamburgern essen, es sind genug da. *Zu Hanna, erstaunt* Was machst du denn da? *Sie bewegt sich gerade in Zeitlupe.*
SIEGELMAYER *zu Biggi* Ja, das stimmt. Mögen Sie einen?
BIGGI Nein, bitte nicht.
SIEGELMAYER Na, dann nicht.
AXEL *macht Siegelmayer auf Hanna aufmerksam, stößt ihn an* He, he!
SIEGELMAYER Nanu?
HANNA Deeeeer ... Roooooodeeeeeeerrrrrriiiiiich ...
SIEGELMAYER Was ist denn mit ihr? Hat sie das öfter? Oder gehört das zu Ihrem Theaterstück?
HANNA ... diiiiiie ... Maaaaaaschiiiiiiinnnneeeee ...
BIGGI *aufgeregt* Nein, bitte nicht! *Sie beginnt, unter ständig variierendem »Neinbittenicht«, alle Phasen des Kampfes, das An-*

stellen der Maschine und die Flucht Roderichs pantomimisch nachzuerzählen.

SIEGELMAYER *begreift nichts, zu Axel* Das ist aber ein sehr seltsames Theaterstück, das Sie da üben!

HANNA Maaaaaaschiiiineee …

Biggi faßt Siegelmayers Kopf und dreht ihn zu Hanna, um seine Aufmerksamkeit auf ihre Worte zu lenken, deutet aufgeregt.

HANNA Aaaangeeeesteeeeelllt!

SIEGELMAYER Angestellt? Maschine angestellt? Hat er die Maschine angestellt?

BIGGI *heftig nickend* Nein, bitte nicht.

HANNA Jaaaaa!!

SIEGELMAYER Entsetzlich! *Er zieht erschüttert seinen Krawattenknoten auf und öffnet den obersten Hemdknopf, ihm wird heiß vor Schreck.*

AXEL Was ist denn mit den beiden los? Er hat die Maschine angestellt? Kommt das von der Maschine?

SIEGELMAYER Ich fürchte, ja!

AXEL Das ist ja eine Wahnsinnsmaschine. Die muß ja ein Verrückter gebaut haben.

SIEGELMAYER Erlauben Sie mal!

AXEL Na, wenn die so was macht! – Kann man das denn rückgängig machen?

SIEGELMAYER Natürlich, selbstverständlich.

AXEL Dann tun Sie es doch! Worauf warten Sie denn noch?!

SIEGELMAYER Dazu brauche ich die Maschine.

AXEL Die Maschine. Die Maschine! Wozu haben Sie das Ding überhaupt gebaut? Die ist schlimmer als die Maschimaschine, die wir uns ausgedacht haben.

SIEGELMAYER Das … das ist eine Lernmaschine … eine ganz einfache Lernmaschine, nichts weiter!

AXEL Lernmaschine! Daß ich nicht lache!

BIGGI *ganz seiner Meinung* Nein, bitte nicht!

SIEGELMAYER Sie soll das Lernen vereinfachen. Wissen Sie vielleicht, wie lange ein Kind durchschnittlich braucht, um das Einmaleins zu lernen?

AXEL Nein. Das interessiert mich auch jetzt nicht.

BIGGI Nein, bitte nicht!

SIEGELMAYER *redet sich langsam in Begeisterung* Zwei Stunden und neununddreißig Minuten. Mit meiner Maschine wird man das in drei Minuten schaffen, stellen Sie sich das mal vor! Man stellt die Maschine ein, liest sich die Zahlen vor – und schon sind sie einem für immer eingeprägt!

AXEL So? Und warum sagt Biggi nur immer »Neinbittenicht«?

BIGGI Nein, bitte nicht!??

SIEGELMAYER Die Maschine war eben viel zu stark eingestellt, als sie diesen Satz gesagt hat, viel zu stark. Jetzt hat sich ihr der Satz eben viel zu stark eingeprägt.

AXEL Und wieso bewegt sich Hanna auf einmal wie eine Schnecke im Zeitlupentempo?

SIEGELMAYER Da muß dieser Roderich den LANGSAM-Knopf gedreht haben. Der soll eigentlich Kinder bremsen, die sich beim Reden immer verhaspeln, weil sie zu schnell sprechen. Die Maschine war eben auch hier viel zu stark eingestellt, bestimmt 80 bis 85 % über dem Maximum!

AXEL Jedenfalls muß diese Wahnsinnsmaschine so schnell wie möglich wieder her!

SIEGELMAYER Da bin ich ganz Ihrer Meinung. Aber wie?

HANNA *zeigt ganz, ganz langsam auf die Tüte mit den doppelten Hamburgern* Biiigggiii ... Haaammmbuuurgeeerrr!!!

BIGGI *begreift sofort, was sie meint* Nein, bitte nicht!

SIEGELMAYER Wie bitte?

AXEL Was sagt sie?

BIGGI *führt pantomimisch vor, daß man das Essen in die Mitte der Bühne stellen soll, um Roderich anzulocken. Sie spielt auch Roderich, der sich über das Essen freut* Neinbittenicht ... Neinbittenicht ...

AXEL *begreifend* Ja, genau das ist es!

Siegelmayer Ich verstehe immer nur: Nein, bitte nicht!

Axel *zeigt auf die Hamburger und die Pommes* Damit können wir ihn herlocken. Er ißt doch so gern. Wir stellen die Tüte auf den Hocker hier und verstecken uns.

Biggi *zustimmend* Nein, bitte nicht!

Axel *irritiert* Wieso nicht? Ach so! Wir verstecken uns. Zum Essen muß er die Hände frei haben. Also muß er die Maschine abstellen, und wir brauchen sie nur schnell zu nehmen.

Siegelmayer Moment, Moment! Woher soll er denn wissen, daß hier eine Tüte mit Hamburgern steht? Er kann sie doch gar nicht sehen, wenn er nicht hier ist.

Axel Glauben Sie mir, der kommt bestimmt. Was das Essen angeht, da hat er einen sechsten Sinn. Der riecht einen doppelten Hamburger auf sieben Kilometer Entfernung! *Während er das sagt, stellt er schon die Tüte auf einen Hocker im Vordergrund der Bühne.*

Axel So, und jetzt verstecken wir uns und warten, bis er kommt.

Die vier verstecken sich, Hanna braucht dazu natürlich sehr lange.

Siegelmayer Hoffentlich kommt er!

Biggi Nein, bitte nicht!

Axel Er muß kommen! Wir brauchen doch die Maschine. Soll Biggi jetzt immerzu nur »Neinbittenicht« sagen können und Hanna ... Mensch, Hanna, beeil dich doch ein bißchen!

Hanna Iiiiich ... reeeennnneeeee ... jaaaaaa ... schoooooonnnnn ... diiiiiie ... gaaaaaaanzeeeee ... Zeiiiiiiiit!

Siegelmayer Ruhig, ich glaube, da kommt jemand!

Axel Dann helfen Sie doch mal, schnell!

Sie stürzen aus ihren Verstecken, ergreifen Hanna und tragen sie – waagerecht, wie ein großes Paket – über die Bühne und stellen sie hinter einer Kulisse ab. Dann kehren sie schnell in ihre vorigen Verstecke hinter dem Bett, der Wand etc. zurück.

Roderich tritt jetzt auf. Er zieht prüfend die Luft ein, schaut sich mißtrauisch um, geht auf die Kulisse zu, hinter der sich Biggi versteckt hat, geht hinter der Kulisse vorbei, sieht Biggi aber nicht, da sie schnell um die Kulisse herumgeht und auf der anderen Seite wieder verschwindet, als er vorn auftaucht. Er macht Anstalten, auch zur Kulisse zu gehen, hinter der sich Hanna versteckt hat, sieht aber plötzlich die Tüte und bleibt wie angewurzelt stehen. Dann geht er ganz hingerissen auf die Hamburger zu, stellt die Maschine neben dem Hocker ab, geht in die Knie und betrachtet den Inhalt der Tüte mit all den Herrlichkeiten.

RODERICH *hingerissen* Ein doppelter Hamburger! Mit Gürkchen! Und Ketchup! Pommes! Mit Mayonnaise! Und Ketchup! Noch ein Hamburger! Mit Salat! Und Ketchup …

Während der Litanei Roderichs schleichen sich Axel, Biggi und Siegelmayer immer näher an ihn heran. Es ergibt sich organisch, daß sie die Regeln des Kinderspiels »Ochs am Berg« übernehmen: Sie bewegen sich nur, wenn Roderich redet. Wenn er eine Redepause macht, erstarren sie, weil er ja sonst ihre Schritte hören könnte. Sie machen synchron, aus verschiedenen Verstecken kommend, bei jedem Wort einen Schritt. Wenn Roderich eine andachtsvolle Pause macht, erstarren sie wieder mitten in der Bewegung, also z. B. mit erhobenem Bein. Als sie schließlich dicht hinter Roderich stehen, stürzen sich alle auf ein stummes Zeichen von Axel auf Roderich und die Maschine. Axel erreicht die Maschine als erster und nimmt sie an sich. Roderich versucht, sie ihm wegzuzerren. Biggi und Siegelmayer versuchen, Roderich an Hose und Hemd zurückzuzerren.

RODERICH Gib die Maschine her, du!

Bei dem Gerangel drückt Axel den Antennenknopf. Mit dem charakteristischen Geräusch fährt die Antenne aus. Er richtet die Antenne drohend auf Roderich, um ihn zurückzuhalten. Roderich dreht sich um seine Achse, um Biggi und Siegelmayer loszuwerden. Siegelmayer merkt, daß er ihn nicht länger festhalten kann, und bekommt Angst um seine Maschine.

SIEGELMAYER *ruft Axel zu* Drücken Sie den LANGSAM-Knopf, dann wird er etwas langsamer, und wir können ihn festhalten! Den LANGSAM-Knopf!

Dabei schiebt er Roderich in die »Senderichtung« der Antenne. Axel findet den richtigen Knopf in der Aufregung nicht und betrachtet suchend die linke und rechte Seite der Maschine, dabei dreht er sie, und die Antenne weist einmal nach ganz links, einmal nach ganz rechts. Siegelmayer versucht, synchron dazu, Roderich einmal nach links, einmal nach rechts zu schieben. Endlich entscheidet sich Axel für irgendeinen Knopf. Siegelmayer sieht, daß es der falsche ist, läßt in seiner Aufregung Roderich ganz los und eilt auf Axel zu. Dabei gerät er in die Senderichtung der Antenne, gerade als Axel abdrückt.

SIEGELMAYER Halt! Doch nicht diesen Knopf! *Heulton der Maschine* Knopf diesen nicht doch! Halt!
AXEL Entschuldigung, das wollte ich wirklich nicht!

Roderich hat sich – als er den Heulton der Maschine hört – von Biggi losgerissen und sucht Deckung vor der Maschine, indem er in die große Requisitenkiste springt. Hanna, die sich zeitlupenhaft langsam an der Schleichaktion beteiligt hat, aber erst ein Viertel des Wegs zurückgelegt hat, ist gerade bei der Requisitenkiste angelangt. Sie erfaßt die Situation und macht ganz langsam den – bisher nach hinten herunterhängenden – Deckel der Kiste zu. Biggi hat sich von ihrem Schreck erholt, eilt zur Kiste und setzt sich auf den geschlossenen Deckel. Roderich ist in der Kiste gefangen.

AXEL Das wollte ich wirklich nicht. Ist Ihnen etwas geschehen?
SIEGELMAYER *bewegt prüfend Arme und Beine* Nicht glaube ich, nein!

AXEL Schön! Dann können Sie ja Biggi und Hanna wieder normal machen.
SIEGELMAYER Schwer nicht das ist Maschine der mit.
AXEL Wie bitte?
BIGGI Nein, bitte nicht!
SIEGELMAYER Schwerhörig Sie sind? *Langsam, nachdrücklich* Schwer nicht das ist Maschine der mit!
AXEL Was sagt er?
BIGGI Nein, bitte nicht?
AXEL Die Maschine muß ihn doch erwischt haben!
SIEGELMAYER *ärgerlich* Nicht Sie verstehen? Schwer nicht ist es!
AXEL Jetzt redet er zu uns wie mit Ausländern. Vielleicht müssen wir's auch mal so versuchen: Wir nix verstehn. Du verstehn? Nix verstehn!
SIEGELMAYER Blödsinn den Sie lassen!
AXEL Den ich lasse? Ich versteh kein Wort.
SIEGELMAYER Nicht mich Sie verstehen wieso? Deutsch doch spreche ich!
AXEL Vielleicht kriege ich raus, was los ist, wenn ich mir die Maschine angucke. RÜCKWÄRTS steht da neben der Taste. Rückwärts?
BIGGI *nickt begreifend, zeigt mit den Händen, daß er alles umdrehen soll* Nein, bitte nicht!
HANNA Uuuuumdreeeeheeeen!
AXEL Umdrehen? Ach, so meinst du: Alles rückwärts sagen! *Zu Siegelmayer* Was haben Sie gerade gesagt?
SIEGELMAYER *eingeschnappt* Dreimal Satz jeden nicht sage ich!
AXEL Dreimal Satz jeden nicht sage ich – Ich sage nicht jeden Satz dreimal! Er fängt alle Sätze von hinten an! Dann sagen Sie mir doch mal, wie wir Biggi wieder hinkriegen!
SIEGELMAYER Drücken Löschtaste die muß man.
AXEL Man … man muß die Löschtaste drücken. Aha. Und wo ist die?
SIEGELMAYER Maschine der an rechts ganz!
AXEL Wie bitte?

Siegelmayer Rechts ganz!
Axel Ganz rechts. Die hier?
Siegelmayer Daneben die, nein!
Axel Die daneben. Hier?
Siegelmayer Schon Sie machen, ja!
Axel Und es kann ganz bestimmt nichts Schlimmes dabei geschehn?
Siegelmayer Nicht bestimmt, nein!
Axel Dann tu ich's! *Er hält die Antenne auf Biggi und drückt die Taste. Heulton. Biggi zwischen Abwehr und Hoffnung.*
Biggi »Nein, bitte nicht« sage ich jetzt die nächsten drei Jahre bestimmt nicht mehr! Das ist vielleicht ein Gefühl, wenn man eigentlich »Ja« sagen will und dabei – ihr wißt schon – herauskommt. Jetzt müssen wir aber schnell der Hanna helfen.
Axel Was muß ich tun, damit Hanna wieder normal wird?
Siegelmayer Drehen rechts nach hier Knopf diesen!
Axel Diesen Knopf hier ...
Biggi ... nach rechts drehen. Mach doch mal!

Axel hält die Antenne in Hannas Richtung und dreht den Knopf. – Heulton. – Hanna bewegt sich daraufhin überdreht schnell und redet so schnell, daß man sie kaum versteht. Vor Bewegungsdrang hastet sie über die Bühne und dreht Runden um die drei, während sie wie ein Wasserfall redet.

Hanna He, wollt ihr einen Schnellzug aus mir machen? Ich bin doch kein Rennauto, was ist denn los? So darf ich ja nicht mehr auf 'nem Gehsteig gehen, so muß ich ja auf die Autobahn! Was ist das nur für eine verrückte Maschine, erst macht sie mich zur Schnecke, dann zum Rennpferd. Kann denn keiner das Ding abstellen? Oder mich abstellen? Ich bekomm ja schon Muskelkater. Was denkt ihr euch denn dabei? *Dreht weiter ihre Runden.*
Axel *erschrocken* Was ist denn jetzt? Ich hab doch den Knopf nach rechts gedreht? Was hab ich denn falsch gemacht?

SIEGELMAYER Weit zu viel aber, ja!

AXEL Weit zu viel aber? – Aber viel zu weit! Ach so. Sofort, Hanna, ich dreh zurück! *Er dreht den Hebel, Hanna redet immer langsamer, schließlich fast Zeitlupe, er begreift, daß er zu weit zurückgedreht hat, und stellt ein bißchen höher, bis schließlich nach ein paar Versuchen die normale Sprech- und Bewegungsgeschwindigkeit wieder eingestellt ist.*

HANNA Das wird aber auch höchste Zeit. Ich hab immer 'ne Vier im Turnen gehabt, in Leichtathletik war ich besonders schlecht, lang halt ich die Rennerei nicht mehr aus, ich bekomm schon langsam Seitenstechen. So ist es schon besser, ja, daas heieieißt soooo ... iiiiiisssst ... eeees ... schoooon ... wiiiiiiiiiedeeeeer ... zuuu langsam, nein, halt, jetzt hast du schon wieder zu schnell gedreht, siehst du nicht, daß ich schon wieder abzische wie ein geölter Blitz, am besten, ich fange an zu zählen, dann ... kaaaann ... man's ... besser ... einstellen: Einszweidreivierfüüüüüünf ... seeeeeeechssssiebenacht, neun, zehn, elf, zwölf! So, jetzt laß den verdammten Hebel so stehn. Genau so! Und zieh die Antenne ein, bevor du aus Versehen noch mal draufdrückst und ich wieder hier herumwetzen muß wie ein D-Zug!

AXEL *schiebt die Antenne in die Maschine.*

SIEGELMAYER Mir mit ist was und? Halt, halt! Ich und?

AXEL Ja, natürlich, Entschuldigung. Welchen Knopf muß ich denn für Sie drücken?

SIEGELMAYER Vorlauf! Mitte der in!

AXEL Vorlauf. In der Mitte. – Ach so: die Antenne! *Er drückt den Antennenknopf, aber es tut sich nichts, er drückt noch einmal* Die Antenne fährt nicht aus!

SIEGELMAYER Antenne die? Aus nicht fährt? Einmal noch Sie drücken!

AXEL Geht nicht.

SIEGELMAYER Her Sie zeigen! Hier! Drücken hier! Gehen muß es!

AXEL Es muß gehen – aber es geht nicht!

SIEGELMAYER Sein leer nicht doch wird Batterie die?

Axel Sein leer nicht doch wird Batterie die? Die Batterie … die Batterie …

Hanna Die Batterie wird doch …

Biggi … nicht leer sein.

Axel Die Batterie? Ist das denn möglich?

Siegelmayer Möglich ist das, ja.

Biggi Was machen wir dann?

Siegelmayer Einsetzen Batterie neue eine und gehen heim muß ich.

Biggi Er muß heimgehen …

Hanna … und eine neue Batterie einsetzen.

Axel Und das hilft dann?

Siegelmayer Hilft das, ja! Maschine die mir Sie geben!

Axel Hier! Hoffentlich klappt auch alles.

Siegelmayer Alles immer klappt mir bei!

Axel Wie bitte?

Biggi Bei ihm klappt immer alles, sagt er.

Hanna Das hat man gesehen. Schön hat's geklappt mit der Maschine, sehr schön!! Wenn ich Ihnen einen Rat geben darf: Wenn Sie wieder normal sind, nehmen Sie die Maschine und werfen Sie sie in die Mülltonne!

Axel Und die Baupläne noch dazu!

Siegelmayer Recht haben Sie, glaube ich. Überlegen bestimmt mir es werde ich. Wiedersehen auf.

Biggi, Axel Auf Wiedersehn.

Hanna Und: Hause nach gut Sie kommen!

Siegelmayer *schaut noch mal zum Fenster herein* Bitte wie?

Hanna Hause nach gut Sie kommen!

Siegelmayer *lächelt gequält* So ach! Sein Scherz ein sollte das! Wiedersehen auf, also dann!

Axel, Biggi, Hanna Wiedersehen auf … äh … *Schütteln unwillig über den Versprecher den Kopf* Auf Wiedersehen!

Siegelmayer geht mit der Maschine ab.

BIGGI Und was machen wir jetzt mit Roderich? Ich kann doch nicht ewig auf der Kiste sitzen bleiben und er nicht in der Kiste. – Lassen wir ihn heraus, ja? *Steigt von der Kiste.*
AXEL Ja! Ohne Maschine kann er sowieso nichts mehr anstellen.
HANNA Jetzt tut er mir schon wieder leid!
BIGGI Höchste Zeit, daß wir uns wieder versöhnen.
AXEL Find ich auch!
HANNA Ich schon lange. Dann mach doch endlich den Deckel auf!

Biggi öffnet den Deckel. Roderich bleibt – für alle unsichtbar – in der Kiste. Biggi spricht in die Kiste

BIGGI Hallo, Roderich, kannst wieder rauskommen! – Was sagst du? – *Zu den anderen und zum Publikum* Er will nicht!
HANNA Wieso denn nicht?
BIGGI *in die Kiste* Wieso denn nicht? – *Zu den anderen* Er ist gekränkt, weil wir ihn in eine Kiste gesperrt haben. *In die Kiste* Was sagst du? – *Zu den anderen* Wie ein Meerschwein!
AXEL Komm, Rodi, sei doch nicht ewig beleidigt!
HANNA Du hast uns viel übler behandelt! Das mußt du zugeben!
BIGGI Komm halt wieder heraus!
AXEL Mach schon!
HANNA Sei nicht sauer!
BIGGI Los!
HANNA Roderich!
AXEL Immer noch beleidigt!
HANNA Ich hab 'ne Idee: Vorhin haben wir ihn alle böse gemacht. Vielleicht klappt es auch andersherum!
BIGGI Du meinst ...
HANNA Wenn er herausschaut, fangen wir alle an zu klatschen und zeigen ihm, daß wir ihn leiden können. *Zum Publikum* Macht ihr mit?
AXEL Los, wir rufen ihn: Ro-de-rich!
ALLE Ro-de-rich, Roderich!

Roderich schaut mißtrauisch aus der Kiste. Beifall. Sein Gesicht hellt sich zusehends auf. Stolz-verlegen nimmt er den Beifall entgegen, steigt aus der Kiste. Er lacht. Die anderen lachen mit, klopfen ihm auf die Schulter.

AXEL Alles klar?
RODERICH Alles klar!
HANNA Nicht mehr böse?
RODERICH Nein.
BIGGI Bestimmt nicht?
RODERICH Wenn ihr mich nicht wieder böse macht …
HANNA Nein, das ganz gewiß nicht mehr.
AXEL Wenn man bedenkt, was dadurch aus dem Stück geworden ist, das wir erst spielen wollten!
RODERICH Ein ganz neues Stück!
HANNA Und wie lassen wir das neue Stück aufhören?
RODERICH Mit dem Schlußlied. Helmut, bitte Musik!
ALLE *singen* Es wird oft einer bös gemacht,
von anderen dazu gebracht,
zu schreien und zu schlagen,
zu schreien und zu schlagen.
Dann wundern sich die Leute sehr
und fragen sich: »Wo kommt das her?!
Sich derart zu betragen,
sich derart zu betragen!«
Drum sagt nicht: »Bös ist der und der!«,
Fragt lieber mal: »Wo kommt das her?!«,
statt euch nur zu beklagen,
statt euch nur zu beklagen.

Nachwort

Sein Kindertheater muß im Beobachten von Kindern entstehen, bei der Analyse des Kinderspiels und bei der Anwendung im Theaterspiel mit Kindern. Es sind einfache Geschichten, die er erzählt, gespickt mit theatralischen Szenen, die ein reichhaltiges Material für Regie und Schauspiel bieten. Ich möchte ihn den Poeten unter jenen Dramatikern nennen, die für das Kindertheater schreiben. Paul Maar, der Kunsterzieher im besten Sinne! Paul Maar hat die deutsche Dramatik für Kinder mit seinen Stücken bereichert, das neorealistische Kindertheater um die phantastische Variante erweitert. Neben Volker Ludwig, Friedrich Karl Waechter, Rudolf Herfurtner und Wilfrid Grote zählt er zu den großen Fünf der Kindertheaterautoren in der alten Bundesrepublik. Auch deshalb, weil er schon auf eine beeindruckende Tradition in nunmehr zwei Dekaden verweisen kann. »Kikerikiste« gehört zu den modernen Klassikern, »Das Wasser des Lebens« zu den schönsten Märchenstücken und »Eine Woche voller Samstage« zu den originellsten Vorlagen für spielfreudige Inszenierungen. All seine Stücke wollen zum Spiel anregen: den Schauspieler, der Theater vorführt, die Kinder, die zum Theater verführt werden. Zum Spiel anregen, uns die eigene Lebenswirklichkeit begreifbar machen, das ist die Devise von Paul Maar. Dabei schreibt der Lehrstückeschreiber wider den pädagogischen Zeigefinger. Die jungen Zuschauer sollen selbst entdecken dürfen, was in den Geschichten vor sich geht. Trotzdem hat Paul Maar etwas zu sagen. Er plädiert für das permanente Infragestellen festgefügter Strukturen, liebt

die Rollenwechsel und -brechungen und weiß mit aller Parteilichkeit für die Sache der Kinder zu streiten. Paul Maar läßt sich allerdings nicht für ein Thementheater vereinnahmen. Sein Thema ist das Leben, und das ist immer vielfältiger als gestrenge Pädagogen zu wissen glauben.
Auf der Suche nach phantasievollen Kunstformen entdeckte Paul Maar als ein weiteres Mittel das Kindertheater, um sein soziales Engagement zu zeigen. Sein zeichnerisches Talent läßt dabei im Kopf des Autors Figuren, Kostüme und Bühnenbilder entstehen, seine vielfältige Theaterpraxis prägt dabei in der Realisierung der Geschichte das Theatralische; seine Lust zu erzählen, zu fabulieren, zu spielen im weitesten Sinne, ermöglicht es ihm, mit seinem Theater Erkenntnis und Vergnügen zu vermitteln. Ihm und seinen Stücken sind reichlich Inszenierungen zu wünschen.

Wolfgang Schneider

»Ich glaube, daß es meine eigentliche Begabung ist, für Kinder zu schreiben«

Ein Interview von Wolfgang Schneider mit Paul Maar

WOLFGANG SCHNEIDER Ist Paul Maar ein Kinderbuchautor oder ein Kindertheaterautor?

PAUL MAAR Den Kinderbuchschriftsteller und den Dramatiker könnte man ja zusammenfassen unter dem Begriff Autor. Ich halte mich allerdings in erster Linie für einen Kinderbuchautor, der gelegentlich Ausflüge macht ins Kindertheater, und zwar meist in Phasen. Fünf Jahre schreibe ich also kein Kindertheaterstück und dann in einem Jahr drei und dann wieder vier Jahre keine.

WOLFGANG SCHNEIDER Wie ist es biographisch zu begründen, daß ein Kinderbuchautor Arbeitsphasen als Kindertheaterautor hat?

PAUL MAAR Nachdem ich »Kikerikiste« geschrieben hatte, und das Stück mit unendlich vielen Inszenierungen so ein phänomenaler Erfolg war, traten natürlich alle an mich heran und wollten ein neues Kindertheaterstück. Je größer der Erfolg des Stückes wurde, desto größer wurden meine Schreibhemmungen. Ich hatte das Gefühl: Ich kann den Erfolg von »Kikerikiste« nie mehr erreichen, und hinterher wird man mich immer wieder messen an dem ersten Stück und wird sagen: »Ach schade, ›Kikerikiste‹ war sehr gut, und was er jetzt gemacht hat, fällt eigentlich etwas ab.« Um mich diesem Konflikt zu entziehen, habe ich gedacht, ich könnte das aufschieben und einfach ein neues Kinderbuch schreiben. Doch dann kam ein Anstoß von außen, von der Württembergischen Landesbühne aus Esslingen, die gerade ihre Kinder- und Jugendtheaterabteilung gegründet hatte. Ich lernte Mauro Guindani kennen, den ich für einen sehr guten Regisseur halte. Er kam von der Folkwangschule in Essen, hatte einige Inszenierungen für Erwachsene gemacht und verspürte Lust, Kindertheater zu machen. Es war eine ausgezeichnete Gruppe, die er zusammenrief, die wirklich mit Überzeugung Kindertheater machen und nicht eigentlich »Hamlet« spielen wollte. Die haben erst »Kikerikiste« gespielt und mich über diese Arbeit kennengelernt. Ich habe ihnen erzählt, daß ich gewisse Schwierigkeiten hätte, wieder in die Theaterarbeit reinzukommen. Und sie haben mir insofern geholfen, als es eine Arbeitsweise war, bei der sehr viel durch Improvisation der Schauspieler entstand. So entwickelten wir das Stück »Mützenwexsel«. Ich saß im Theater, ich habe ein Thema angegeben, die Schauspieler haben improvisiert, und es haben sich Rollen herauskristallisiert. Ich bin dann ganz angeregt und beschwingt nach Hause gefahren und habe das Stück in einem Rutsch geschrieben. Die Schauspieler sagten mir hinterher, sie hätten noch nie so wenig Schwierigkeiten gehabt, sich mit ihrer Rolle zu identifizieren, in die Rollen hineinzukommen, weil ich sie ihnen auf den Leib geschrieben hätte. Das lief so gut, daß ich hinterher das zweite Stück geschrieben habe. Das war dann »Freunderfinder«. Mauro Guindani meinte danach, es wäre nun an der Zeit, endlich einmal zu versuchen, ein Märchen zu entwickeln, ohne daß man im Stil der traditionellen Grimm-Bearbeitungen verharrt. Daraus entstand »Die Reise durch das Schweigen«, ein gemeinsames Produkt zwischen Autor und Regisseur.

In einem Jahr sind also diese drei Stücke entstanden. Dann kam, was oft geschieht, die Truppe ging nach eineinhalb Jahren auseinander. Mauro Guindani hat nun Opern inszeniert. Und es kam keine Anregung mehr von außen, »schreib uns mal ein Stück«, so daß ich wieder beim Bücherschreiben gelandet bin.

Wolfgang Schneider Was muß man denn als Kinderbuchautor

können, um Kindertheater schreiben zu können? Hattest du bestimmte Vorstellungen vom Theater, vom Publikum, von dem, was dann von anderen wiederum zu dem Gesamtkunstwerk Theater gemacht wird? Es wäre natürlich interessant zu wissen, was du gelernt hast und wo du es gelernt hast.

Paul Maar Ich weiß nicht, ob ich es richtig gelernt habe. Wenn ich es überhaupt gelernt habe, dann nicht im Sinne einer Logik, sondern über das Gefühl, über das Anschauen. Ich habe während meiner Studienzeit als Kunststudent Geld verdient, indem ich als Bühnenbildner gearbeitet habe, und saß immer in den Aufführungen. Ich habe miterlebt, wie sich ein Stück von der ersten Probe an entwickelt und bekam eine ungeheure Lust am Theatermachen, am Theaterspielen. Dann kam zwangsläufig irgendwann der Punkt, an dem man sagt, ich würde gerne selbst etwas schreiben. Fast parallel entstand mein erstes Kinderbuch »Der tätowierte Hund« und mein erstes Kindertheaterstück, nämlich »Der König in der Kiste«. Letzteres war auch eine Auftragsarbeit, und zwar von meinem Schwiegervater im Fränkischen Theater, wo ich als Bühnenbildner gearbeitet hatte. Er sagte mir, sie hätten schon »Hänsel und Gretel« mehrmals inszeniert, »Schneewittchen« auch schon zweimal und ein paar Mal »Schneeweißchen und Rosenrot«, und er würde gerne ein anderes Märchen spielen. Das war die Zeit, als es eigentlich noch nicht das moderne Kindertheater gab, als auch das Grips Theater gerade anfing. Ich versuchte, ein Kindertheaterstück zu schreiben, ein Kunstmärchen, das, wenn ich es jetzt wieder lese, ganz aus dem Geist der Hippie-Bewegung heraus entstanden ist. Mit zwei Brüdern, die lange Haare und Glöckchen an der Weste hatten, Gitarre spielten und die Steuern abschaffen und das ganze Land dazu bringen wollten, nur noch Musik zu machen. Ich habe es jetzt wieder gelesen, und manchmal muß ich ein bißchen darüber lächeln. Einige Grundideen finde ich noch immer ausgezeichnet und sehr theatralisch. Etwa die Tatsache, daß es von den Figuren auch Puppen gibt und daß man die Verwandlung eines Menschen in eine kleine Puppe bildlich darstellt. Es gibt nämlich ein Puppentheater auf der Bühne, das gleichzeitig wie ein Leierkasten funktioniert. Die Schauspieler sind sehr stark geschminkt und sehr typisiert, und wenn ein Schauspieler sich bei irgendeiner Verfolgung in diesen Kasten verirrt, dann nimmt er in dem Moment, wo er in die Kiste abtaucht, die Gestalt der Puppe an, spricht mit seiner Stimme weiter, geht über die kleine Bühne und kommt auf der anderen Seite leibhaftig wieder heraus. Das ist fast wie ein Zaubertrick, und so etwas war manchmal ausschlaggebend für mich, ein Stück zu schreiben. Solche Szenen habe ich mir vorgestellt, und es machte mir Spaß, ein Stück dann drumherum zu schreiben.

WOLFGANG SCHNEIDER Was entsteht denn beim Schreiben für das Kindertheater aus dem Blickfeld der Inszenierung heraus? Was waren die wesentlichen Erkenntnisse bei der Zusammenarbeit als Hausautor in Esslingen? Gibt es da Erfahrungen, die dein weiteres dramatisches Werk bestimmt haben?

PAUL MAAR Es gab zunächst die Erfahrung, daß es höchst ambivalent ist, auf diese Art und Weise zu arbeiten. Auf der einen Seite ist es sehr anregend, und dieser Anstoß von außen führt dazu, daß man etwas tut. Auf der anderen Seite habe ich manchmal das Gefühl, daß man durch das Vorgegebene, das ja sehr präsent ist und oft sehr beeindruckend, also durch das, was die Schauspieler improvisiert haben, in seiner Phantasie festgelegt wird und andere Möglichkeiten gar nicht mehr ausprobieren kann. Wenn ich am Schreibtisch sitze und schreibe, habe ich im Kopf hintereinander geschichtet vielleicht drei verschiedene Möglichkeiten, eine Szene zu gestalten. In dem Moment, wo ich sie aber konkret gesehen habe, kann ich mich nicht mehr von dem Bild lösen, dann würde ich immer die erste Möglichkeit nehmen, weil ich die zweite und dritte überhaupt nicht ausprobiert habe. Das ist manchmal eine Gefahr, so daß ich das Gefühl habe, eigentlich darf ich gar nicht hinschreiben: »Ein Stück von Paul Maar«, sondern es ist ein Stück von Paul Maar und den Schauspielern. Teilweise ist es sogar so, daß ich im nachhinein etwa denke, den Schluß von »Mützenwexsel« hätte ich eigentlich nicht genommen, wenn jener Schauspieler, der den Großvater dargestellt hat, diesen Schluß nicht so überzeugend gespielt hätte.

Wolfgang Schneider Wie sehr denkst du beim Schreiben an das Theater? Gibt es bei dir eine Balance zwischen Sprache und Bildern?

Paul Maar Genau das versuche ich, eine Balance zu halten. Ich habe ja erst sehr spät angefangen, Kinderbücher zu dramatisieren. Vorher habe ich für die Bühne gedacht und mir Bilder vorgestellt, während ich mir, wenn ich mir ein Kinderbuch ausdenke, eigentlich reale Umwelten, reale Familien oder reale Schauplätze vorstelle. Erst in letzter Zeit gibt es auch den Versuch, von einem vorgegebenen Kinderbuch auszugehen und daraus eine Dramatisierung zu machen und sie auf die Bühne zu bringen. Es scheint mir immer noch idealer, beides zu trennen und ein Stück zu schreiben, bei dem ich schon beim Schreiben in Bildern denke, wie es auf der Bühne aussehen könnte. Es ist bezeichnend, daß ich es noch nicht geschafft habe, trotz einiger Versuche und trotz heftiger Anstöße des Verlages, aus einem Kindertheaterstück hinterher ein Kinderbuch zu machen. Ich habe es einmal probiert bei »Der König in der Kiste«. Da war erst das Kindertheaterstück da, und der Verleger sagte, das wäre so ein toller Stoff, und daraus könnte man ein Kinderbuch machen. So habe ich mich hingesetzt und ein Kinderbuch gleichen Titels daraus gemacht. Es ist das einzige meiner Kinderbücher, das nicht mehr aufgelegt wird. Selbst das erste Buch von 1968, »Der tätowierte Hund«, wird noch verkauft, aber es ist typisch, daß nur das Buch, das eine Bearbeitung eines Kindertheaterstückes war, herausgefallen ist. Mit Recht, wie ich im nachhinein finde.

Wolfgang Schneider Was ist typisch daran?

Paul Maar Das ist schwierig zu definieren. Vielleicht liegt es auch an meinem Unvermögen, mich von dem Bühnenstück zu lösen, wenn ich hinterher das Buch schreibe. Ich hatte immer noch Strukturen im Kopf, wie sie auf der Bühne existieren; ich konnte mich nicht genügend davon lösen; ich hätte es schaffen müssen, den Stoff ganz zu vergessen und die Geschichte aus einem anderen Blickwinkel, aus einer anderen Perspektive zu schreiben. Ich klebte zu sehr am Stück. Typisch ist es ja auch, daß man Stücke wie »Maschimaschine« oder »Kikerikiste«, wenn man sie kennt, im Grunde eigentlich nicht im Buch nacherzählen kann. Man kann es als Textbuch lesen, aber was soll ich beschreiben? Es ist eine Situation, die auf der Bühne stattfindet, und da könnte ich nur so dürre Sätze dazwischenstellen wie: Er steigt aus seiner Kiste und geht hinüber und sagt: »…«. Es existiert also kein Hintergrund. Vielleicht gibt es ja immer nur ein verlegerisches Interesse und weniger das Interesse eines Autors.

WOLFGANG SCHNEIDER Es ist auffällig bei allen deinen Stücken, daß du aus deiner Theatererfahrung heraus schöpfst und sehr detailliert Regieanweisungen gibst, manchmal auch sehr detailliert Kostüm- und Bühnenbildangaben machst.

PAUL MAAR … zu detailliert …

WOLFGANG SCHNEIDER Deine Rolle ist dann doch mehr die des regieführenden Autors. Ist dies nicht schon ein Ausdruck dafür, daß du im Grunde genommen eine Inszenierung im Kopf hast?

PAUL MAAR Es ist so, ja. Ich habe, während ich schreibe, die Szenen genau im Kopf, ich sehe die Figuren vor mir und weiß genau, ob der jetzt von links oder von rechts kommen müßte. Jedesmal nehme ich mir vor, das wegzustreichen und dem Regisseur zu überlassen. Hinterher stelle ich fest, ich habe wieder zu viele Regieanweisungen hineingepackt.

WOLFGANG SCHNEIDER Wie geht es dir dann, wenn du diese Interpretationen nicht vorfindest auf der Bühne?

PAUL MAAR Ich sitze von Jahr zu Jahr gelassener im Theater. Anläßlich der ersten Inszenierung, die ich gesehen habe, wäre ich am liebsten während der Vorstellung auf die Bühne gegangen. Ich hätte alles anders gemacht und wieder umgestellt, weil ich bei den Proben nicht dabei war, sondern zur Premiere eingeladen wurde und das Stück dann zum ersten Mal gesehen habe. Dann gab es ein Schlüsselerlebnis. Es war eine Inszenierung von »Kikerikiste« in Lyon, wo das Theater sich eine ganz eigenständige Inszenierung ausgedacht hatte, die aber in sich so schlüssig war, daß ich dachte, ja, genauso kann man es auch machen. Ab da wurde ich etwas toleranter, und jetzt entscheide ich von Fall zu Fall nach dem Motto: Es ist zwar ganz anders, als ich mir das vorgestellt habe, aber es stimmt in sich, und ich finde es sehr gut. Es passiert aber auch manchmal, daß ich sage: »Ja, warum hat das Theater sich nicht an das Stück gehalten, es ist klar, daß das danebengehen muß!«

WOLFGANG SCHNEIDER Du hast also auch schon die Erfahrung gemacht, daß deine Stücke oft nur als Material für eine bestimmte Inszenierungsarbeit verwendet werden. Gibt es möglicherweise Auflagen für Inszenierungen, die über deinen Verlag gemacht werden?

PAUL MAAR Nein, denn ich glaube, daß man dem Regisseur so viel künstlerische Freiheit zugestehen muß, daß er auch seine Interpretation des Stückes zum Ausdruck bringen kann.

WOLFGANG SCHNEIDER Würdest du dich als Zulieferbetrieb für Theater bezeichnen lassen, gerade auch im Hinblick auf deine lange Liste der Theater, unter deren Auftrag du gearbeitet hast, also Fränkisches Theater, Bruchsal, Esslingen, Würzburg, Münster, Oberhausen, Bamberg?

PAUL MAAR Zulieferer ja, wenn man Zulieferer nicht im abwertenden Sinn benutzt, wie es einem erst in den Kopf schießt, ja, dann könnte ich mich sogar damit anfreunden. Wenn ich überlege, daß auch so respektable Autoren wie Nestroy oder Molière im Grunde genommen Zulieferer waren für ihr eigenes Theater, weil sie neue Stücke brauchten und auch genau wußten, für welche Schauspieler sie da schrieben, dann ist es nicht die schlechteste Art zu arbeiten. Außerdem ist es ja auch durchaus ein finanzielles Problem. Wenn ich das Stück am Schreibtisch entwickle, ein halbes Jahr Zeit dafür opfere und dann nicht einmal weiß, ob es ein Theater zur Premiere nimmt, dann kann ich es mir wegen des Erfolges meiner Bücher zwar leisten, aber nicht unbedingt jeder andere Autor. Insofern hat man eine Sicherheit, wenn ein Theater einen Auftrag erteilt und einem für die Zeit des Schreibens ein Arbeitshonorar zahlt. Man muß keine Lesungen annehmen, muß nicht versuchen, durch andere schriftstellerische Arbeiten, Rundfunkarbeiten usw. Geld zu verdienen.

WOLFGANG SCHNEIDER Das ist ein Förderungsaspekt, indem man dem Autor eine Absicherung gibt; ein anderer ist die Gewißheit, daß es zur Uraufführung kommt, denn das ist ja wichtig für das Theaterstück, daß es der Autor einmal gespielt gesehen hat.

PAUL MAAR Es ist stimulierend für einen Autor, wenn er merkt, hier ist jemand, der Interesse an seiner Arbeit hat und soviel Interesse zeigt, daß er sogar bereit ist, dafür Geld zu bezahlen, um unbedingt ein neues Stück von ihm zu bekommen.

WOLFGANG SCHNEIDER Ich würde jetzt gerne ein paar Fragen anschließen zu den Inhalten und zu den Überlegungen, die zu diesen Geschichten führen. Würdest du sagen, daß du dich im weitesten Sinne aus der gesellschaftspolitischen Entwicklung nach 68/69, was dein kinderliterarisches Werk betrifft, definieren könntest?

PAUL MAAR Es war zumindest der Anspruch. Es war ein starker Anspruch. Wenn ich meine Stücke betrachte im Vergleich zu anderen, dann habe ich das Gefühl, daß das Gesellschaftspolitische zwar vorhanden ist, aber daß es stärker noch um psychologische Probleme zwischen Personen oder in Personen geht. Also, daß der individuelle, persönliche, psychologische Aspekt genauso wichtig ist wie der gesellschaftspolitische. Selbst bei einer Geschichte wie »Eine Woche voller Samstage«, geht es im Grunde genommen um den Emanzipationsprozeß eines total angepaßten Menschen, der sein Leben nicht lebt, der täglich pünktlich ins Büro geht und dann nach Hause und nichts tut und nichts unternimmt und sich von allen etwas herumschubsen läßt. Der dann durch die Tatsache, daß er plötzlich seinem anderen Ich gegenübersteht, nämlich dem Sams, das alles verkörpert, was er sich nicht zutraut, sich damit anfreunden muß, daß er dadurch ein anderer Mensch wird, freier und emanzipierter wird. Das läuft aber eigentlich mehr auf einer persönlich-psychologischen Ebene, also ungefähr der Ansatz: »Versuche erst einmal, dich selbst zu befreien oder zu verändern, dann kannst du auch die Gesellschaft verändern« und nicht »vom Großen zum Kleinen«.

WOLFGANG SCHNEIDER Dahinter steckt ein pädagogischer Anspruch, daß man mit Theater (oder mit Büchern) etwas bewirken kann. Ich will es gar nicht weiter ausmalen, was man bewirken kann, aber ich würde gerne konkret die Frage stellen, warum du dich dann, wenn man so eine Überzeugung teilt, im wesentlichen Kindern als Leser und Publikum zuwendest?

PAUL MAAR Also, darauf kann ich eigentlich eine ganz einfache Antwort geben: Ich glaube, daß es meine eigentliche Begabung ist, für Kinder zu schreiben. Ich glaube, es gibt verschiedene schriftstellerische Begabungen, wobei ich keine Wertung vornehmen will, da ich angefangen habe, für Erwachsene zu schreiben – am Anfang meiner schriftstellerischen Karriere standen Funkerzählungen und Hörspiele für Erwachsene im Süddeutschen Rundfunk. Ich kann also für Erwachsene schreiben und weiß, wie es es ist. Trotzdem glaube ich, daß ein bestimmtes Einfühlungsvermögen für Kinder, für die Welt der Kinder, meinetwegen auch ein Bewahren des Kindes in sich, notwendig ist, um gut für Kinder schreiben zu können.

WOLFGANG SCHNEIDER Hat es auch damit etwas zu tun, daß du besonderen Wert beim Schreiben auf die Kategorie der Einfachheit legst?

PAUL MAAR Es ist genau das! Wenn du hier die theoretische Schrift von Maria Lypp zitierst, die ich mit sehr großem Interesse gelesen habe, dann muß ich sagen, daß ich dort wiedergefunden habe, was ich ohne diesen Überbau eigentlich immer in meinen Stücken und auch bei meinen Büchern verwirklichen wollte. Das Ideal einer Kindergeschichte ist für mich, daß sie auf der einen Ebene von den Kindern und auf der anderen von den vorlesenden Erwachsenen gelesen wird. Im Theater sollte es ebenso sein, daß auf verschiedenen Ebenen eine Botschaft übermittelt wird und daß Erwachsene die Stücke nicht kindisch finden, sondern auf einer anderen symbolischen Ebene angesprochen werden.

WOLFGANG SCHNEIDER Es ist festzustellen, wenn man deine Stücke Revue passieren läßt, daß sie geprägt sind von einem bestimmten Kindheitsbild: eine Utopie von Kindheit mit Figuren, die immer das Suchende, das Spielerische, das Phantasievolle verkörpern. Ist das ein Gegenbild zu den Erwachsenen, das du da ganz bewußt verbreitest?

PAUL MAAR Ich weiß nicht, ob ich ein bestimmtes Kinderbild den »Erwachsenen« gegenübersetzen will. Vielleicht bin ich wirklich zu optimistisch. Nach '68 hat man ja manchmal den Kindern etwas zugeschoben, was man selber nicht geschafft hat. Erwachsene hatten eingestehen müssen, daß sie es nicht schaffen, die neue Gesellschaft zu verwirklichen. Es hieß dann, jetzt erziehen wir unsere Kinder ganz frei, und die werden es dann schaffen. Daß man den Kindern aufgebürdet hat, in unserem Auftrag die bessere Welt zu schaffen, war gefährlich, weil man damit zu viele Erwartungen an die Kinder stellt und sie nicht so nimmt, wie sie sind. Andererseits stelle ich fest, daß Kinder sehr viel offener sind, tatsächlich mehr Phantasie haben, daß es mir einfach mehr Spaß macht, ihre Fragen zu hören, mit denen umzugehen. Ihr Interesse und ihre Gespanntheit, ihre Naivität, auch ihre Frische oder ihre Impulsivität und Emotionalität bei Lesungen oder im Theater sind begeisternd. Wenn ich ab und zu vor Erwachsenen lese, die da höflich und still sitzen, ab und zu mal hüsteln und dann nichts kommt, so daß eine Mauer zwischen uns ist, die aus Höflichkeit und Respektieren besteht, dann freue ich mich schon immer auf die nächste Kinderlesung. Da habe ich natürlich schon noch Hoffnung – auch im Kindertheater.

WOLFGANG SCHNEIDER Ist es so, wenn du schreibst, daß du dir das

Kind als Rezipient vorstellst? Wenn du Theater schreibst, blickst du dann von der Bühne ins Publikum?

PAUL MAAR Nein. Das ist zwar ein Astrid-Lindgren-Zitat, was ich jetzt sage, aber ich kann es für meine Arbeit anwenden: Ich schreibe im Grunde genommen für das Kind in mir selbst. Ich habe noch so eine Naivität, die ich beim Schreiben ganz stark spüre. Ich lache dabei innerlich gerade bei den Szenen, über die dann auch die Kinder lachen.

WOLFGANG SCHNEIDER Es gibt also einen Erfahrungswert, der gewissermaßen korrespondiert mit deinem inneren Kind und mit dem Kind im Publikum.

PAUL MAAR So ist es!

WOLFGANG SCHNEIDER Woher nimmst du die Stoffe und Geschichten?

PAUL MAAR Bei »Das Wasser des Lebens« habe ich eine Umfrage gelesen. 10jährige Jungen und Mädchen wurden gefragt, wie sie sich ihre Zukunft vorstellen. 99 Prozent der Mädchen haben gesagt, sie hätten gerne ein Haus und einen netten Mann und zwei Kinder und ein Auto. Die Jungen haben ungefähr das gleiche geantwortet; sie hätten gerne einen schönen Beruf und ein schickes Auto und eine Frau und zwei Kinder. Ich war etwas erschrocken, weil ich weiß, in dem Alter hätte ich irgendwas blödsinnig Utopisches gesagt, daß ich Forscher werden will, nach Afrika als Lokomotivführer, oder ähnliches. Damals hatte man wohl noch so abenteuerliche Pläne. Heute überlegen sich schon jüngere Kinder, daß sie in 20 Jahren ein Häuschen haben werden, mit einem kleinen Vorgarten und so weiter. Sie wissen z.B. auch schon den Namen ihrer Kinder. Mit zehn Jahren scheint ihr zukünftiges Leben schon geprägt. Das wollte ich zur Diskussion stellen, um den Kindern zu zeigen: Es gibt verschiedene Arten zu leben. Da gibt es die Elisabeth, die häuslich ist und Kinder will und einen Mann, und es gibt die Nanna, die das ablehnt, die immer auf der Suche ist, immer weitergeht und auf die Nase fällt, sich aus dem Schlamm herauszieht und immer wieder weitergeht und am Ende sich selbst durch alle

Mißerfolge nicht abschrecken läßt und sagt, so, jetzt gehe ich wieder los in die Welt. Das wollte ich zur Diskussion stellen: Überlegt mal, wie stellt ihr euch euer zukünftiges Leben vor? Wollt ihr wie die Elisabeth oder wie die Nanna sein? Ich habe keine Wertung vorgenommen, ich habe nicht gesagt, das eine ist gut, oder das andere ist schlecht.

WOLFGANG SCHNEIDER Aber du machst einen deutlichen Fingerzeig, indem die neue Nanna, die dann nur noch Anna heißt, aus dem Fenster springt und hinterherrennt. Das sind konkrete Anlässe, die dich dann zu der Stückarbeit anregen. Ist es so, daß du einen Zettelkasten mit bestimmten Themen hast?

PAUL MAAR Nein. Es kommt manchmal vor, daß mich bestimmte Themen reizen, weil ich eine Erfahrung damit gemacht habe. So sollte ich für den Süddeutschen Rundfunk ein Feature über das Bild der Alten bei den Jungen machen. Da ich selbst eine enge Beziehung zu Oma und Opa habe, war mir eigentlich klar, Kinder mögen Großeltern und alte Leute. Zu meiner Bestürzung haben alle befragten Kinder angefangen, entsetzlich auf alte Menschen zu schimpfen. Auf die Frage, ob sie Großeltern haben, antworteten allerdings alle voller Begeisterung und erzählten von ihren Opas und Omas. Das schien mir eine Diskrepanz zu sein zwischen ihrem persönlichen Bild von alten Leuten und dem, was sie nachreden, was sie so vorgelebt bekommen. Und da war es mir wichtig, ein Buch zu schreiben über das Verhältnis von Kindern und alten Leuten. Heraus kam dabei »Die Eisenbahnoma«. Da gab es schon ganz konkret einen pädagogischen Anlaß. Manchmal ist der Ausgangspunkt aber auch eine Spielidee oder eine Grundidee, die gar nicht so sehr als Oberthema darüber steht, um die ich mir eine bestimmte Szene vorstelle.

WOLFGANG SCHNEIDER Welche Bedeutung hat dann die Form, wenn du solche Geschichten erzählst?

PAUL MAAR »Das Wasser des Lebens« ist z. B. eine Parabel. Wenn ich eine Formel finden sollte für das, was ich gerne mache, dann wäre es vielleicht »poetisches Theater« zu nennen. Ich möchte zwar immer die Beziehung zur Realität herstellen, aber die Geschichten gleichzeitig überhöhen und in eine Parabelform fügen, damit sie doch etwas Allgemeingültigeres haben als durch eine naturalistische Form.

WOLFGANG SCHNEIDER Ich würde dich gerne mit Aussagen konfrontieren, die ich aus der Analyse des Kindertheaters der 70er und 80er Jahre herauszufinden glaubte. Mich würde natürlich in dem Zusammenhang interessieren, ob du dich damit identifizieren kannst und ob sie auf deine Stücke zutreffen.

1. »Das Theater soll Mut machen.«

PAUL MAAR Ja.

WOLFGANG SCHNEIDER 2. »Die Geschichten sollen das Selbstbewußtsein fördern.«

PAUL MAAR Selbst damit kann ich mich identifizieren. Es ist nicht bei allen Geschichten so, aber bei einigen ganz ausdrücklich.

WOLFGANG SCHNEIDER 3. »Die Anlagen der Figuren sollen zur Selbstreflexion anregen.«

PAUL MAAR Aber nicht über den Kopf, weil ich glaube, daß Kinder nicht so sehr über den Kopf zu erreichen sind, sondern über die Emotionen und über den Bauch. Es läuft nicht logisch, didaktisch. Ein Psychologe würde sagen, nicht über die linke Gehirnhälfte, sondern über die rechte.

WOLFGANG SCHNEIDER 4. »Die Aufführungen sollen Kommunikation in Gang setzen.«

PAUL MAAR Das kann ein Idealfall sein, daß Kindertheater Kommunikation in Gang setzt. Ich glaube allerdings, daß meine Stücke auch ohne eine sogenannte Nachbereitung auskommen. Ich will eigentlich in jedem einzelnen etwas bewirken.

WOLFGANG SCHNEIDER 5. »Das Stück soll den Sozialisationsprozeß begleiten.«

PAUL MAAR Nein, nicht unbedingt. Das steckt alles in den Stücken mit drin. Aber das ist für mich nicht der eigentliche Anlaß, das Stück zu schreiben. Oder sagen wir, wenn es fehlen würde im Stück, würde ich es vermissen. Andererseits, wenn es zu vordergründig ist, wenn man in jedem Stück gleich auf Anhieb nachweisen könnte, welches Nahziel damit angegangen wird, und hinterher vielleicht sogar abhaken könnte, ob es erreicht worden ist oder nicht, wäre mir das entschieden zu wenig.

WOLFGANG SCHNEIDER Es ist auffällig bei deinen Stücken, daß die Musik eine wichtige Rolle spielt …

PAUL MAAR … ein Mittel, auf das man nicht verzichten muß oder soll, und da ich versuche, eigentlich alle theatralischen Mittel in ein Stück mit einzubeziehen, ist es ganz klar, daß ich an Musik denke. Deswegen kommen in den meisten Stücken Lieder vor. So ist es naheliegend, daß ich aus einem Stück ein Musical gemacht und jetzt sogar eine Kinderoper geschrieben habe. Wie schon gesagt, ich wende mich eher an das Unterbewußtsein als an das logische Bewußtsein, also mehr an den Bauch als an den Kopf. Und die Musik ist das Kunstmittel, das am direktesten kommuniziert mit der rechten Gehirnhälfte. Da Musik ohne Verstand und ohne Logik erfahrbar und begreifbar ist, glaube ich, daß es manchmal sehr wirksam sein kann, wenn eine Musik der Szene sogar entgegenläuft. Die Musik kann manchmal zeigen, daß diese vordergründige Harmonie, die sich auf der Bühne abspielt, in Wirklichkeit eine sehr brüchige ist. Musik im Kindertheater kann neue Situationen entwickeln, und sie kann Übergänge schaffen, damit der Bruch zwischen zwei Szenen nicht so hart ist, weil die Musik eine Szene in die nächste hinübergleiten läßt.

WOLFGANG SCHNEIDER Welche Bedeutung haben deine Lieder für das Stück?

PAUL MAAR Manchmal haben sie etwas Zusammenfassendes. Wenn die Texte gesprochen werden, können sie plakativ klingen. Es ist manchmal einfach leichter, die Geschichte auf den Punkt zu bringen, wenn man sie in die Strophen eines Liedes faßt.

WOLFGANG SCHNEIDER Wie zum Beispiel im Schlußlied zu »Maschimaschine«, wo es heißt: »Und wie lassen wir das neue Stück aufhören?« »Mit dem Schlußlied. Helmut, bitte Musik!«

PAUL MAAR Das angesprochene Lied ist mir mehr oder weniger

von den Schauspielern aufgezwungen worden. Ich habe jetzt eine Neufassung geschrieben, die im Grunde genommen eine Zusammenfassung dessen ist, was man gesehen hat. Es geht darum, wie Aggression entsteht und wo sie herkommt.

WOLFGANG SCHNEIDER Wenn du Figurentheater als Mittel einsetzt, wie z. B. in »Das Wasser des Lebens«, was hat das für einen Stellenwert?

PAUL MAAR Es hat den Stellenwert, daß ich erstens eine andere Ebene schaffe, daß Puppen anders sind, anders agieren als Menschen, und dann hat es wieder einen ganz pragmatischen Grund, da ich Vorgaben hatte. Es durften nämlich nur drei Schauspieler sein, das Theater hatte nicht mehr frei. Meist sind jetzt zwei Schauspieler auf der Bühne zu sehen. Der Schauspieler, der gerade nicht auf der Bühne ist, kann dann Puppen und Tiere spielen. Sie stellen die zweite Ebene des Stückes dar, die Phantasiewelt. So können Menschen und Tiere miteinander sprechen.

WOLFGANG SCHNEIDER Die Sams-Geschichten der Bücher gibt es auch als Theaterstücke. Sind deine epischen Geschichten möglicherweise schon so dramatisch, daß du sie ganz einfach übertragen kannst?

PAUL MAAR Das ist nicht einfach, und ich könnte es auch nur mit wenigen epischen Geschichten machen. Beim Sams hat es sich doch angeboten durch die Konspiration zwischen den zwei Hauptfiguren, dem angepaßten Taschenbier und dem unangepaßten Sams. Ich muß allerdings sagen, daß ich mich viele Jahre dagegen gewehrt habe, aus »Eine Woche voller Samstage« ein Theaterstück zu machen, obwohl es von allen Seiten an mich herangetragen wurde. Letztendlich hat mich dann meine Schwiegermutter dazu überredet, die ein eigenes Theater betreibt. Das Buch würde sich so gut zur Dramatisierung eignen, ob ich das nicht machen wolle. Ich wollte wohlwollend darüber nachdenken, was sie schon für eine Zusage hielt. Irgendwann hörte ich dann von dem Dramaturgen, das Stück wäre fest eingeplant und es seien schon 30 Vorstellungen ausverkauft! Nun war ich gezwungen zu schreiben. Das war die Vorgeschichte – aber während des Schreibens habe ich doch gemerkt, daß es mir Spaß macht. Ich habe versucht, die Herkunft des Buches dadurch zu zeigen oder herzustellen für die zuschauenden Kinder, die ja zu 80 Prozent das Buch kennen und trotzdem noch in das Stück gehen, indem ich die Figur des Erzählers eingeführt habe, mit dem das Stück etwas Episches bekommt. Jemand erzählt eine Geschichte, und aus der Geschichte entwickelt sich ein Theaterstück.

WOLFGANG SCHNEIDER Erzähler kommen auch in deinen anderen Stücken immer wieder vor.

PAUL MAAR Die gibt es zum Beispiel auch bei »Das Wasser des Lebens«, in dem eine Figur gleichzeitig Mitspieler und Erzähler ist, der aus der Rolle heraustritt, den Kindern etwas erzählt und genau zu erkennen gibt, daß er jetzt der Erzähler ist, weil er in gebundener Sprache spricht. Ich finde es ein sehr reizvolles Mittel für den Schauspieler, möglichst auf zwei Ebenen zu arbeiten, den Kindern Teile der Geschichte weiterzuerzählen, immer den Konsens herstellend und den direkten Bezug Schauspieler – Kind, um dann wieder Mitspieler zu werden.

WOLFGANG SCHNEIDER Was kann denn ein Stück, dessen Geschichte durch das Buch bekannt ist, den Kindern auf der Bühne Neues geben?

PAUL MAAR Die Reaktion der Kinder im Theaterstück zu erleben, war für mich äußerst überraschend. Weil ich dachte, die Kinder hätten eine bestimmte Vorstellung, sie stellen sich z.B. das kleine Sams vor, wie es im Buch beschrieben wird. Sie haben die Darstellungen des Sams in den Inszenierungen vom ersten Moment an akzeptiert, und es war für sie das Sams. Wenn man sie hinterher gefragt hat: Wie fandet ihr es denn? – dann haben sie auch eine logische Erklärung gefunden. Sie sagten: »Das ist ja ein Mensch, der das Sams spielen muß, und der Mensch ist eben viel größer.« Sie sind völlig mitgegangen. Es war für mich eine wichtige Erfahrung, wieviel Phantasie die Kinder aufbringen beim Sehen, was sie hineingucken können und wie weit sie abstrahieren können. Und das trotz der vielleicht schon bekannten Geschichte, die aber eine neue Geschichte wird, dadurch, daß sie in ein neues Medium übertragen wird. Im Theater verfolgen sie dann so gespannt die Inszenierung, als würden sie die Geschichte zum erstenmal erfahren.

WOLFGANG SCHNEIDER Vielen Dank für das Gespräch.